Euclides da Cunha
e a estética
do cientificismo

FUNDAÇÃO EDITORA DA UNESP

Presidente do Conselho Curador
Herman Jacobus Cornelis Voorwald

Diretor-Presidente
José Castilho Marques Neto

Editor-Executivo
Jézio Hernani Bomfim Gutierre

Conselho Editorial Acadêmico
Alberto Tsuyoshi Ikeda
Célia Aparecida Ferreira Tolentino
Eda Maria Góes
Elisabeth Criscuolo Urbinati
Ildeberto Muniz de Almeida
Luiz Gonzaga Marchezan
Nilson Ghirardello
Paulo César Corrêa Borges
Sérgio Vicente Motta
Vicente Pleitez

Editores-Assistentes
Anderson Nobara
Henrique Zanardi
Jorge Pereira Filho

JOSÉ LEONARDO
DO NASCIMENTO

Euclides da Cunha
e a estética
do cientificismo

editora
unesp

© 2010 Editora UNESP

Fundação Editora da UNESP (FEU)
Praça da Sé, 108
01001-900 – São Paulo – SP
Tel.: (0xx11) 3242-7171
Fax: (0xx11) 3242-7172
www.editoraunesp.com.br
www.livraria.unesp.com.br
feu@editora.unesp.br

CIP – BRASIL. Catalogação na fonte
Sindicato Nacional dos Editores de Livros, RJ

N195e

Nascimento, José Leonardo do
 Euclides da cunha e a estética do cientificismo / José Leonardo do Nascimento. – São Paulo : Editora Unesp, 2011.
 168p.

 Inclui bibliografia
 ISBN 978-85-393-0088-4

 1. Cunha, Euclides da, 1866-1909 – Crítica e interpretação. 2. Literatura portuguesa – História e crítica. 3. Escritores brasileiros. I. Título.

11-0658.   CDD: 869.93
                                                            CDU: 821.134.3(81)-3

Editora afiliada:

Sumário

Nota introdutória   1

O consórcio da ciência e da arte   11

1 A vida das estátuas: a escultura como celebração
da alma popular   13

2 Castro Alves e a inversão evolutiva da história do Brasil   23

3 Antes dos versos, a prosa do engenheiro   37

Considerações finais   49

Apêndices   65

Apêndice A   67

Apêndice B   75

Apêndice C   127

Apêndice D   131

Referências   153

Nota introdutória

Euclides da Cunha não se considerava um escritor-artista. No "Discurso de recepção" na Academia Brasileira de Letras, definiu-se como "escritor por acidente", sustentando que se desviou "dessa literatura imaginosa de ficções, na qual desde cedo se exercita e se revigora o nosso subjetivismo".[1]

Por vezes, contrapunha os secos postulados da matemática e a atividade científica aos largos voos da imaginação artística. A ciência restrita à dura materialidade do objeto analisado atuaria, em seu entender, ao "rés da existência", distante da elevação do heroísmo artístico.

Em *Os sertões*, aludiu à invasão perniciosa da ciência pelo ritmo melodioso da poesia romântica, que identificava a nação brasileira à cultura indígena. Segundo Euclides, as poesias de Gonçalves Dias, por exemplo, seriam "devaneios a que nem faltam a metrifica-

---

1 Cunha, Discurso de recepção [Contrastes e confrontos]. In: Coutinho (Org.). *Obra completa*, 1995b, v.1, p.231. O "Discurso de recepção" na Academia Brasileira de Letras foi proferido em 18 dezembro de 1906 e publicado no dia seguinte, 20 de dezembro, em *O Estado de S. Paulo* e no *Jornal do Comércio*. Republicado na segunda edição de *Contrastes e confrontos*. As duas primeiras edições de *Contrastes e confrontos* saíram em 1907.

2 JOSÉ LEONARDO DO NASCIMENTO

ção e as rimas, porque invadem a ciência na vibração rítmica dos versos".[2]

No entanto, Euclides foi o poeta de *Ondas*,[3] e o estilo e as figuras de linguagem de *Os sertões* garantiram-lhe, em grande medida, a imortalidade literária.

Retórica, pomposa e volumosa, a paleta euclidiana é, muitas vezes, imagética, direta e sintética. Seguem-se às longas e retumbantes descrições períodos resumidos como miniaturas de extensas pinturas murais. Nessas sínteses descritivas, a profusão vocabular cede lugar ao despojamento da imagem:

> O pequeno ribeirão que ali corre, recortando fundamente o solo, ora ladeia, ora atravessa a estrada, interrompendo-a, serpeante. Por fim a deixa antes de chegar ao sítio a que dá o nome, arqueando-se em volta longa, um quase semicírculo de que o caminho é a corda.[4]

Euclides foi, assim, um artista da palavra escrita, reconhecido e criticado desde dezembro de 1902, com a publicação de *Os sertões*. José Veríssimo, seu primeiro crítico, apesar de reconhecer no conteúdo da obra uma "vingadora veracidade",[5] considerou-a em alguns aspectos falha como obra literária:

> Pena é que conhecendo a língua, como a conhece, esforçando-se evidentemente por escrevê-la bem, possuindo reais qualidades de

---

2 Cunha, *Os sertões*, 1981, p.51. A primeira edição foi publicada no Rio de Janeiro pela Editora Laemmert, em 1902.

3 Os poemas foram publicados pela primeira vez na *Obra completa* da Editora Nova Aguilar, cuja primeira edição é de 1966.

4 Cunha, *Os sertões*, 1981, p.221.

5 Veríssimo, Os Sertões, campanha de Canudos por Euclides da Cunha. In: Nascimento; Facioli (Orgs.). *Juízos críticos. Os sertões e os olhares de sua época*, 2003, p.54. José Veríssimo utilizou a expressão "vingadora veracidade" no artigo que escreveu sobre *Os sertões*, publicado no rodapé literário do jornal *Correio da Manhã*, em 3 de dezembro de 1902. Segundo ele, os crimes cometidos em Canudos pelo exército foram narrados pelo autor de *Os sertões* "com vingadora veracidade". O artigo foi publicado em *Juízos críticos*, em 1904.

EUCLIDES DA CUNHA E A ESTÉTICA DO CIENTIFICISMO   3

escritor, força, energia, eloquência, nervo, colorido, elegância, tenha o Sr. Euclides da Cunha viciado seu estilo, já pessoal e próprio, não obstante de um primeiro livro, sobrecarregando sua linguagem de termos técnicos, de um boleio de frase como quer que seja arrevesado, de arcaísmos e sobretudo de neologismos, de expressões obsoletas ou raras. [...] Em uma palavra, o maior defeito de seu estilo e sua linguagem é a falta de simplicidade; ora, a simplicidade que não exclui a força, a eloquência, a comoção, é a principal virtude de qualquer estilo. Mas este defeito é de quase todos os nossos cientistas que fazem literatura...[6]

Após a morte de Euclides da Cunha, em 1909, o julgamento de Veríssimo sobre o indivíduo e o escritor – comunicado por carta a Mário de Alencar – foi ainda mais contundente:

Pobre Euclides! Apesar das aparências contrárias, creio que não havia entre nós muita real simpatia e que ambos nos esforçamos por nos tolerarmos e até nos amarmos, mais do que os nossos temperamentos e nossa índole literária diversa quereria. Penso que esse esforço recíproco deve ter contado em nosso favor e por isso não tenho nenhum vexame em confessá-lo a um amigo como você. Com toda a sua ingenuidade e simpleza real, o seu matutismo inveterado e às vezes encantador e algumas boas qualidades de caráter e creio também que de coração, havia nele um egotismo que me era insuportável e me fazia talvez julgá-lo às vezes com acrimônia ou injustiça. Pelo lado literário, você sabe que eu não podia absolutamente estimá-lo senão com muitas restrições, e, ainda admirando-o quanto podia, sempre achei excessiva a sua fortuna literária, que estou certo não lhe sobreviverá muito tempo.[7]

O tempo encarregou-se de desmentir o veredicto de José Veríssimo sobre a fortuna literária de Euclides da Cunha, que não parou

---

6 Veríssimo, op. cit., p.47.
7 Montello, *O presidente Machado de Assis nos papéis e relíquias da Academia Brasileira*, 1986, p.214.

4   JOSÉ LEONARDO DO NASCIMENTO

de crescer ao longo de mais de cem anos de história da cultura brasileira. Nesse largo período, o *livro vingador* foi entrevisto em um
duplo aspecto: como trabalho de análise da sociedade brasileira e
obra de arte.

Acrescente-se à natureza artística do livro a incorporação na
narrativa de imagens diretamente inspiradas pelas artes plásticas.
Alguns quadros das secas e das epidemias dos sertões brasileiros
relembravam ao escritor

> a estética [produzida] pelas grandes desgraças coletivas. A peste
> negra na Europa aviventou um renascimento artístico que veio do
> verso triunfal de Petrarca à fantasia tenebrosa de Albrechet Dürer e
> ao pincel funéreo de Rembrandt.[8]

Certos personagens da guerra canudense e até mesmo espécies
da caatinga baiana sugeriam-lhe relevos esculturais:

> [...] sobre a natureza morta, apenas se alteiam os *cereus* esguios e
> silentes, aprumando os caules circulares repartidos em colunas po-
> liédricas e uniformes, na simetria impecável de enormes candelabros
> [que] dão a ilusão emocionante de círios enormes, fincados a esmo
> no solo, espalhados pelas chapadas e acesos [...].[9]

Gilberto Freyre observou que a disposição de personagens populares em forma de escultura – típica da narrativa euclidiana –
ampliava-lhes os significados, conferia-lhes dignidade:

> Espera [Euclides] o instante de tensão heroica, o momento ex-
> tremo de sacrifício ou de agonia, para surpreender no brasileiro anô-
> nimo, no sertanejo vulgar, até no caboclo desconhecido, "as linhas
> terrivelmente esculturais" em que a resistência ao sol, à coragem,

---

8 Cunha. Plano de uma cruzada [Contrastes e confrontos]. In: Coutinho (Org.),
  Obra completa, 1995b, v.1, p.153.
9 Cunha, *Os sertões*, 1981, p.32.

EUCLIDES DA CUNHA E A ESTÉTICA DO CIENTIFICISMO 5

à dor, à doença ou simplesmente à fome os alongue em figuras de grandes de Espanha. Exagera então os alongamentos, os ângulos, os relevos. Ao sertanejo, espera quase voluptuosamente que se empertigue, que estadeie todos os seus relevos e todas as suas linhas, que corrija "numa descarga nervosa instantânea todos os efeitos do relaxamento habitual dos órgãos" para exaltar na "figura vulgar do tabaréu canhestro" – afidalgada por aquele instante de tensão escultural – "o titã acobreado e potente."[10]

O escritor refinava-se, igualmente, na análise das feições de cidades e de edifícios, como na descrição do urbanismo de Canudos,[11] do gótico da igreja construída por Antônio Conselheiro nos sertões[12] e da arquitetura tradicional das fazendas decadentes do Vale do Rio Paraíba, em São Paulo:

[...] a imagem perfeita de uns desgraciosos castelos, sem barbacães e sem torres, gizados por essa arquitetura terrivelmente chata em que se esmeravam os nossos avós de há dois séculos. Entretanto, malgrado o deprimido das linhas, essas vivendas quadrangulares e amplas, sobranceando as senzalas abatidas, os moinhos destruídos, os casebres de "agregados", e alteando de chapa para a estrada os altos muramentos de pedra, que lhes sustentam os planos unidos dos terreiros, conservam o antigo aspecto senhoril.[13]

---

10 Freyre, Euclides da Cunha. In: _____. *Perfil de Euclides e outros perfis*, 1987, p.22.

11 "O povoado novo surgia, dentro de algumas semanas, já feito ruínas. Nascia velho. [...] Não se distinguiam as ruas. Substituía-as dédalo desesperador de becos estreitíssimos, mal separando o baralhamento caótico dos casebres feitos ao acaso [...] como se tudo fosse construído, febrilmente, numa noite, por uma multidão de loucos [...]." Cunha, *Os sertões*, 1981, p.123.

12 "Defrontando o antigo, o novo templo erguia-se no outro extremo da praça. Era retangular, e vasto, e pesado. As paredes mestras, espessas, recordavam muralhas de reduto. Durante muito tempo teria esta feição anômala, antes que as duas torres muito altas, com ousadias de um gótico rude e imperfeito, o transfigurassem." (Ibid., p.132-3).

13 Cunha, Entre as ruínas [Contrastes e confrontos]. In: Coutinho (Org.), *Obra completa*, 1995b, v.1, p.210.

6 JOSÉ LEONARDO DO NASCIMENTO

O Euclides da Cunha, que se definia cientista, foi literato e analista de monumentos artísticos e, pelo menos por um período de sua vida, escreveu, como crítico e como esteta, sobre a atividade artística. Reexaminou questões sobre arte formuladas desde o início do pensamento filosófico no Ocidente, tais como: o que é arte, que vínculos estabelece com o conhecimento racional, que papel exerce na ação humana.

As questões tradicionalmente elaboradas pela filosofia da arte foram, de certa maneira, reatualizadas na reflexão de um autor estreitamente ligado às *certezas* do cientificismo de sua época.

Entende-se por *cientificismo* as filosofias da história do século XIX, como o positivismo de Auguste Comte, o evolucionismo de Herbert Spencer, o monismo de Ernest Haeckel, que consideravam que a história da humanidade passava por fases determinadas e necessárias e julgavam ter criado a ciência da história e da sociedade, a sociologia.

Segundo os pressupostos do cientificismo, as transformações sociais deveriam ser guiadas pelo reconhecimento, pelos homens, das leis da evolução histórica.

Euclides da Cunha, formado na atmosfera cultural do Brasil da segunda metade do século XIX, defendia a relevância social do conhecimento científico de acordo com as noções do cientificismo. Buscou, assim, compreender as expressões artísticas por meio dessa *crença* no predomínio do saber científico sobre as outras manifestações do espírito humano. Indagou sobre as funções que caberiam às artes no momento histórico em que o conhecimento do mundo e do Universo era alcançado pelas ciências positivas.

Procurou fixar as relações entre "as verdades desvendadas pela análise objetiva",[14] o "critério determinista",[15] "o progresso das ciências naturais, interpretadas pelo evolucionismo"[16] e os processos artísticos. Esforçou-se em requalificar os objetos artísticos, salvá-

---

14 Cunha, A vida das estátuas [Contrastes e confrontos]. In: Coutinho (Org.), *Obra completa*, 1995b, v.1, p.141.

15 Cunha, Antes dos versos [Outros contrastes e confrontos]. In: Coutinho (Org.), *Obra completa*, 1995a, v.1, p.484.

16 Ibid., p.485.

EUCLIDES DA CUNHA E A ESTÉTICA DO CIENTIFICISMO   **7**

-los do veredicto apocalíptico de seu anacronismo em uma era de triunfo da ciência.

Não são muitos os textos euclidianos de crítica ou de filosofia da arte, mas, embora poucos, são os que interessam a este livro sobre arte e ciência no pensamento do escritor fluminense. Na carta a José Veríssimo, respondendo a sua resenha crítica de *Os sertões*, escreveu sobre arte e os vínculos com a ciência. Em nome dessa ligação, justificou o emprego de termos técnicos científicos no livro, opondo-se a um reparo sugerido pelo crítico.

Sustentou que a fronteira entre ciência e arte é tênue e "que a verdadeira impressão artística exige, fundamentalmente, a noção científica do caso que a desperte [...]". Surgiram, em tal carta, expressões e conceitos que permanecerão como uma aquisição definitiva do pensamento do escritor, como "consórcio da ciência e da arte", "síntese delicada", "feição sintética [...]".[17] Porém, excetuando a carta de 1902, são três os ensaios que parecem abranger as teorias da arte formuladas por Euclides da Cunha.

O primeiro, "A vida das estátuas", foi originalmente publicado no jornal *O País*, em 1904, e, mais tarde, na coletânea *Contrastes e confrontos* (1907). "Castro Alves e seu tempo" foi uma conferência proferida em fins de 1907 no Centro Acadêmico XI de Agosto da Faculdade de Direito de São Paulo. O ensaio "Antes dos versos" prefaciou o livro *Poemas e canções* de Vicente de Carvalho, em 1908.

Excetuando-se o primeiro, veiculado em jornal, os escritos euclidianos mais relevantes sobre arte vieram a público após sua investidura como *imortal* na Academia Brasileira de Letras em dezembro de 1906. Como *acadêmico*, é possível que o escritor fosse solicitado a dissertar sobre arte, consolidando-se, desse modo, o tema no conjunto de sua produção cultural.

No "Discurso de recepção" na Academia Brasileira de Letras, dissertou sobre arte, em uma peroração na qual gastou tintas e palavras com um artista de pouca importância cultural, como Valentim

---

17 Galvão; Galotti (Orgs.), *Correspondência de Euclides da Cunha*, 1997, p.143-4. Carta de Lorena, datada de 3 de dezembro de 1902.

Magalhães, e mal esboçou o perfil poético do patrono da cadeira que assumia, Castro Alves.

A palestra "Castro Alves e seu tempo" redimiu-o da falta anterior, retomando e ampliando as considerações sobre o poeta apresentadas na Academia. Por isso, seria desnecessária, nesse momento, a publicação do "Discurso de recepção".

Euclides escreveu, também, o prefácio de *Inferno verde*, de Alberto Rangel,[18] em que se deteve insistentemente no caráter da ocupação ou da colonização da Amazônia que no conteúdo artístico dos ensaios do livro.

Um artigo como "A arcádia da Alemanha"[19] pode sugerir pelo título tratar-se de alguma reflexão sobre a literatura germânica, embora o tema seja a discussão de um fato histórico candente do início do século XX, o expansionismo econômico ou o imperialismo exercidos pelas nações desenvolvidas.

No ensaio "Entre as ruínas", de *Contrastes e confrontos*, é a decadência econômica e social do Vale do Rio Paraíba que está em causa, ainda que o autor trate incidentalmente da arquitetura das fazendas coloniais brasileiras.

Assim, os três ensaios – "A vida das estátuas", "Castro Alves e seu tempo" e "Antes dos versos" –, que acompanham como Apêndice este livro, resumem e sistematizam a crítica de arte e os pontos de vista estéticos do euclidianismo.

Embora não sejam inéditos, de difícil acesso ou desconhecidos dos leitores versados na obra de Euclides da Cunha, é inédita a publicação em um só livro destes ensaios, que exprimem as concepções artísticas de um escritor que se confessava cientista e pouco inclinado para essas elevadas sutilezas do espírito humano.

Dessa maneira, a reunião em um só volume de seus trabalhos de estética confere destaque a um objeto pouco estudado na produção cultural euclidiana.

---

18 Rangel, *Inferno verde (scenas e scenarios do Amazonas)*, 1927. Publicado pela primeira vez no Rio de Janeiro, em 1908.

19 O artigo "A arcádia da Alemanha" foi publicado n'*O Estado de S. Paulo*, em 6 de agosto de 1904, e mais tarde recolhido no livro *Contrastes e confrontos*.

Além disso, trata-se de uma edição crítica e comentada, acompanhada de notas explicativas e biográficas de personagens, fatos históricos e postulados científicos referidos pelo autor. Os artigos e os ensaios euclidianos também são confrontados com os poemas analisados de Castro Alves e Vicente de Carvalho.

O livro, ora publicado pela Editora da Universidade Estadual Paulista, está dividido em duas partes. Na primeira, intitulada "O consórcio da ciência e da arte", os textos euclidianos são analisados e cotejados entre si.

Nessa parte inicial, procurou-se definir, por meio da análise comparada, a construção de uma perspectiva estética no pensamento de Euclides da Cunha – ao longo de quatro anos de reflexão –, da matéria jornalística "A vida das estátuas" a "Antes dos versos", prefácio do livro *Poemas e canções* de Vicente de Carvalho.

Na segunda parte, constituída pelos apêndices, os textos discutidos e analisados na parte inicial são reproduzidos e acompanhados de notas explicativas e comentários gerais.

O CONSÓRCIO DA CIÊNCIA E DA ARTE

1
A VIDA DAS ESTÁTUAS:
A ESCULTURA COMO CELEBRAÇÃO
DA ALMA POPULAR

Como é habitual na obra euclidiana, "A vida das estátuas" foi, a princípio, publicado como artigo em jornal e, mais tarde, incluído na coletânea de textos do livro *Contrastes e confrontos*.

Alguns pontos de vista sobre arte expostos no artigo faziam referência ao jesuíta José de Anchieta, o qual já havia sido objeto de atenção do autor na matéria jornalística de *O Estado de S. Paulo*, em 9 de junho de 1897, quando rememorava, por ocasião do centenário da morte do religioso, suas virtudes humanas e civilizadoras na evangelização dos índios do Brasil colonial.[1]

O artigo "A vida das estátuas" enaltecia, mais uma vez, a missão de Anchieta no novo mundo americano e, implicitamente, reivindicava a inauguração de uma estátua em sua homenagem. Considerava que a imagem do religioso estava, de antemão, esculpida na alma

---

1 "Desde 1554, ao criar o terceiro colégio regular no Brasil, erigindo Piratininga, graças ao estabelecimento de um melhor sistema de proselitismo, esse centro diretor da larga movimentação das missões brasileiras, até 1597, ao expirar em Reritigbá, rodeado pelos discípulos e pelas tribos catequizadas, a sua existência, dia por dia, hora por hora, constante no devotamento à mais sagrada das causas, irradia sobre uma época tumultuosa como uma apoteose luminosa e vasta." (Cunha, Anchieta [Contrastes e confrontos]. In: Coutinho (Org.), *Obra completa*, 1995b, v.1, p.145).

14 JOSÉ LEONARDO DO NASCIMENTO

popular, embevecida com a figura do sacerdote, restando ao artista somente modelá-la no bloco de pedra ou de bronze.[2]

Essa perspectiva holística, anti-individualista, sobre o fazer artístico era o tema central de "A vida das estátuas" e reapareceu na conferência "Castro Alves e seu tempo". O poeta ou o escultor seriam instrumentos mais ou menos passivos dos sentimentos ou ideais construídos pacientemente ao longo da existência social dos indivíduos. A boa qualidade proviria da adesão do artista ao sentimento geral de sua época.

Euclides da Cunha iniciou o artigo "A vida das estátuas" sustentando o princípio basilar de sua reflexão estética: "O artista de hoje é um vulgarizador das conquistas da inteligência e do sentimento".[3] A essa afirmação peremptória, ponto de vista habilmente preparado para aguçar a curiosidade dos leitores, seguiram-se os argumentos que a deveriam comprovar.

O texto foi dividido em duas partes. Na primeira, discutiu-se a relação entre ciência e arte; na segunda, procurou-se exemplificar empiricamente os argumentos explicitados anteriormente. Apresentou, assim, uma clara linha expositiva, deslocando-se das preleções gerais sobre ciência e arte para a análise de um objeto particular: a estátua do Marechal Ney, oficial do exército bonapartista, esculpida por François Rude.

As considerações da segunda parte, no entanto, não responderam inteiramente ao conjunto de questões previamente formuladas, fazendo pouca ou nenhuma referência aos vínculos das expressões artísticas com as verdades demonstradas pela ciência.

---

2 "[...] há até uma gestação para estes entes privilegiados, que renascem maiores sobre os destroços da vida objetiva e transitória. Durante séculos, gerações sucessivas os modelam e refazem, transfigurando-os nas lendas que se transmitem de lar em lar e de época em época, até que se ultime a criação profundamente humana e vasta. De sorte que não raro a estátua virtual, a verdadeira estátua está feita, restando apenas ao artista o trabalho manual de um molde. A de Anchieta em São Paulo é expressivo exemplo. Tome-se o mais bisonho artista e ele a modelará de um lance." (Cunha, A vida das estátuas [Contrastes e confrontos]. In: Coutinho (Org.), *Obra completa*, 1995b, v.1, p.142-3).

3 Ibid., p.141.

EUCLIDES DA CUNHA E A ESTÉTICA DO CIENTIFICISMO 15

Apesar disso, o artigo ostentou o rigor característico dos textos euclidianos. O autor reconhecia viver em uma época cada vez mais dominada pelos saberes científicos. E a partir dessa crença *cientificista*, presente na maioria de seus textos, brotaram algumas questões que não eram particulares a Euclides, mas comuns a seu tempo e à época em que se formou culturalmente.

Acreditava-se, de maneira mais ou menos generalizada, que, com o extraordinário progresso das ciências, as manifestações artísticas haviam perdido a importância e a função que tiveram no decurso da história. Havia quem vaticinasse o fim das artes na fase positiva da evolução humana.

Euclides transformou esses pontos de vista de sua época no centro da sua reflexão sobre o estatuto da arte e dos artistas em sua sociedade contemporânea. Que lugar ocuparia o artista no mundo moderno? Extintas as suas antigas "fontes inspiradoras", "crenças religiosas", "quimeras e miragens das velhas e novas teogonias", de que modo as realizações artísticas encontrariam o princípio vital de sobrevivência nas novas realidades sociais? Por quais meios ou procedimentos "o artista de hoje" poderia não desaparecer, uma vez que se esfumaram no tempo as fontes tradicionais de inspiração criativa? O objeto da reflexão do texto euclidiano decorria, necessariamente, dessas questões previamente elaboradas.

O autor procurou definir o papel, o estatuto ou a função das obras de arte na era da ciência. Em seu entender, o ato inaugural da arte moderna seria o reconhecimento pelo artista de que o assunto do qual trataria consistiria nas "verdades desvendadas" pela ciência. Entendia que à arte caberia a missão de propagar "as conquistas da inteligência", "a vasta legislação [científica] que resume tudo o que se agita e vive e conta na existência universal". Para isso, bastaria refletir "seu meio [com] a passividade de um prisma" e transferir para o "mármore" ou o "livro" os "fatos capazes das definições científicas".[4]

---

4 Ibid.

16 JOSÉ LEONARDO DO NASCIMENTO

Havia, no entanto, uma ambiguidade na argumentação euclidiana. De um lado, ele insistia na passividade do artista, o "prisma" que refrataria sem mácula as "realidades demonstráveis" difundidas pela sociedade moderna. Nesse caso, haveria uma "homogenia da atividade [artística] e da consciência coletiva" na era da ciência. De outro, reconhecendo que o artista "vulgariza" as "conquistas da inteligência", atribuía-lhe um papel ativo na construção da "consciência coletiva".[5]

Como reflexo passivo de conhecimentos adquiridos sobre o mundo pelas ciências naturais, a personalidade do artista dissolver-se-ia na "harmonia natural" do universo, ficando a subjetividade e as emoções ausentes do produto final de sua atividade.

Na conferência sobre Castro Alves, Euclides escreveu que os conteúdos literários, que exprimem as matérias e os acontecimentos da época do poeta, seriam, somente na aparência, criações da sua livre fantasia.

Pode-se, pois, concluir que os assuntos expressos no "mármore" ou no "livro" possuem aparência e essência. A apreensão da primeira induziria o espectador ou o leitor a julgar erroneamente a obra como produto do engenho e da arte do autor. O papel da crítica seria o de desvendar as objetividades sociais sob as aparentes fantasias de um artista que seria, somente, um instrumento de seu tempo.

Mas a perspectiva euclidiana encerrava, como foi dito, alguma ambiguidade. Caberia ao artista moderno selecionar no volume colossal das "realidades demonstráveis" um caráter dominante, um fator de explicação sintética do conjunto das conquistas da inteligência.

A arte resumiria, sintetizaria os conhecimentos científicos da natureza e da sociedade de uma época. Ao mesmo tempo, teria o papel de transformar aquela síntese em uma impressão dominante.

O artista ajustaria à escala humana, à capacidade humana de apreensão e de observação a vastidão colossal dos conhecimentos científicos sobre a história e a natureza.

---

5 Ibid.

EUCLIDES DA CUNHA E A ESTÉTICA DO CIENTIFICISMO   **17**

A esta espécie de operação matemática e redutora, de definição quantitativa do ofício do artista, seria acrescido um valor qualitativo, considerando-se que a "impressão dominante" ressurgiria, nos objetos da arte, atadas às formas do belo.

Nos termos euclidianos, arte na sociedade moderna teria a função de servir à ciência, elaborar "imagens para as definições científicas" e, assim, facultar sua propagação no organismo social e seu predomínio na consciência dos homens.

O trabalho conjunto e cooperativo da ciência e da arte garantiria a utilidade e a sobrevivência do artista nos tempos modernos. Se no passado os artistas expressavam as explicações teológicas e metafísicas do mundo, eles deveriam, agora, no estágio social positivo, reiterar seus vínculos com o meio social, criando imagens estéticas para postulados científicos.

A segunda parte de "A vida das estátuas" pretendia "exemplificar" empiricamente as assertivas e as conclusões sobre os vínculos entre ciência e arte na sociedade moderna – objetivo que não foi inteiramente cumprido porque o autor se deslocou, de certa maneira, do objeto inicial (ciência e arte) para a análise das relações dos artistas em geral – não somente do artista moderno – com o sentimento coletivo, preponderante em cada uma de suas épocas. Ilustrou esse argumento com a análise da escultura do Marechal Ney, modelada por Rude.

Assim, ao contrário das reflexões iniciais, Euclides voltou-se para um objeto empírico, a estátua do oficial bonapartista, e, em vez de teorizar sobre a essência do fenômeno artístico, elaborou uma classificação das linguagens artísticas.

Definiu a "escultura heroica" como síntese expressiva da linguagem espacial da pintura – as imagens pictóricas seriam apreendidas simultaneamente pelo observador – com a temporalidade da música.

Rude teria reunido em um só bloco a natureza do espaço pictórico e a sucessão rítmica da música. A questão postulada não era nova – teóricos do Neoclassicismo, como Lessing no livro *Laocoonte*, pu-

18 JOSÉ LEONARDO DO NASCIMENTO

blicado no século XVIII, indagaram sobre a capacidade das artes plásticas de exprimir a temporalidade e narrar histórias.[6]

No entender de Euclides, a fusão espaçotemporal seria atributo da escultura heroica. A fim de comprovar o argumento, começou descrevendo minuciosamente a aparência da estátua do general, sua torção e inserção no equilíbrio instável do contraposto:

> O general, cujo tronco se apruma num desgarre atrevido, mal equilibrado numa das pernas, enquanto a outra se alevanta em salto impetuoso, aparece no mais completo desmancho, a farda desabo-toada e a atitude arremetente num arranco terrível, que se denuncia menos na espada rijamente brandida que na face contorcida, na qual os olhos se delatam exageradamente e exageradissimamente a boca se abre num grito de triunfo.[7]

Não se deteve, porém, nessa descrição formal, e então o argumento euclidiano incidiu em um paradoxo. Descreveu a disposição instável da estátua, formulou uma ligeira referência à cegueira e à insciência manifestadas pela crítica de arte na análise da obra e, em

---

6 Lessing considerava que "as pinturas de objetos visíveis" eram "comuns ao poeta e ao pintor", embora sustentasse haver objetos mais apropriados à arte do pintor e outros mais convenientes ao trabalho do poeta. Argumentava que, do ponto de vista da arte poética e da arte pictórica, seria possível distinguir dois objetos em meio ao conjunto dos objetos visíveis: "Por mais que os dois objetos enquanto visíveis sejam passíveis de ser propriamente pintados, ainda assim encontra-se uma diferença essencial entre eles, pois aquele é uma ação visível progressiva cujas diferentes partes acontecem uma após a outra na sequência temporal, esta, em contrapartida, é uma ação visível inerte cujas diferentes partes se desenvolvem uma ao lado da outra no espaço. Se, portanto, a pintura, devido aos seus signos ou ao meio da sua imitação que ela só pode conectar no espaço, deve renunciar totalmente ao tempo, então ações progres-sivas não podem, enquanto progressivas, fazer parte dos seus objetos, mas antes ela tem que se contentar com ações uma ao lado da outra ou com meros corpos que sugerem uma ação através das suas posições". (Lessing, *Laocoonte ou sobre as fronteiras da pintura e da poesia*, 1998, p.190).

7 Cunha, A vida das estátuas [Contrastes e Confrontos]. In: Coutinho (Org.), *Obra completa*, 1995b, v.1, p.142.

vez de concluir que o movimento já estava sugerido no posicionamento do bloco trabalhado pelo artista, buscou fora da escultura a explicação de seu dinamismo revolto.

A chave de entendimento do monumento estaria além dele, em fatores ou forças sociais que o geraram e lhe insuflaram vida. Os objetos artísticos não trariam em si mesmos o segredo de sua explicação e de seu dinamismo. Seria o sentimento geral de um "povo, numa fase qualquer de sua história" que conferiria existência e força vital à matéria inerte.

Bastaria ao artista representar um aspecto ou um fragmento da memória coletiva para que a narrativa histórica aflorasse e se desenrolasse inteiramente na memória do observador. Assim, mesmo as artes do espaço, como a pintura, definida por Lessing como aquela que representaria "uma ação visível inerte", considerando que as "diferentes partes se desenvolvem uma ao lado da outra no espaço", teriam o poder de exprimir a temporalidade e o movimento. A vida das estátuas estaria, portanto, fora delas, nos sentimentos coletivos que as originaram.

Compreende-se, então, o destaque particular dado pelo autor ao tipo de escultura, que representaria os heróis – presentes na consciência coletiva dos povos – dedicados às causas sociais.

Como o trabalho artístico começaria e se completaria na imaginação popular, o criador não seria tanto o artista, mas o sentimento que elabora, faz e refaz, secularmente, de geração em geração, a imagem a ser modelada no bronze ou na pedra.

A matéria plástica a ser trabalhada seria, sobretudo, o gênio do artista, guiado ou moldado pela coletividade social. O grande artista copiaria o sentimento popular, reproduziria "num bloco limitado" a "amplitude do sentimento coletivo". Euclides da Cunha denominava "síntese artística" este encontro harmonioso de um objeto particular de pedra ou de bronze com a imaginação coletiva.

A estátua do Marechal Ney cinzelada por Rude seria um "organismo [vivo] de bronze" porque vibraria no mesmo diapasão do sentimento de orgulho da nação francesa para com o exército bonapartista.

Estendendo essas considerações para a cultura brasileira, Euclides da Cunha asseverou que a estátua do Padre José de Anchieta já estaria talhada na memória reverente da população. Faltava-lhe para vir à luz um último lance: "o trabalho reflexo" e "passivo" de uma cópia.

Há semelhanças e diferenças entre as duas partes que compõem o artigo "A vida das estátuas". A perspectiva holística sobre o fazer artístico é comum a ambas. A arte é sempre entendida como produto de forças coletivas, reduzindo-se o talento individual à mímese perfeita dos elementos da consciência social de determinada época.

De certa maneira, a reflexão euclidiana continuava a conceber a arte, de modo tradicional, como imitação de realidades exteriores. O assunto seria mais importante que a prática artística, que a atividade artesanal sobre a matéria plástica. O trabalho de oficina, o conhecimento adquirido por meios diversos, o saber de operação sobre a matéria são, de certa forma, diminuídos ou mesmo ignorados perante a ênfase acentuada conferida ao vínculo estreito do artista com seu meio social.

Assim, como o artista seria elemento, de certa maneira, passivo na confecção de objetos de arte, o segredo do entendimento dessas "sínteses artísticas", definidas como o encontro do geral (lendas, sentimentos sociais) com o particular (objeto artístico), estaria fora delas, na realidade específica da época que as originou.

Pode-se inferir dessas considerações que os gêneros artísticos seriam classificados segundo os temas ou conteúdos artisticamente retratados e que, uma vez classificados, poderiam ser hierarquizados.

Na abertura do artigo, Euclides indagou sobre a função da arte em um mundo dominado por conhecimentos científicos. Esforçou-se em explicar e justificar os motivos da permanência das formas artísticas na sociedade moderna e chegou à conclusão de que a arte seria o meio eficiente de divulgação das "verdades desvendadas pela análise objetiva".

Na segunda parte, a toada foi um pouco diversa; sustentou que toda realização artística possuiria foros de excelência caso refletisse com precisão o momento histórico. Além de se referir ao oficial do

EUCLIDES DA CUNHA E A ESTÉTICA DO CIENTIFICISMO 21

exército napoleônico, Marechal Ney, o artigo fez uma alusão a José de Anchieta e, nas entrelinhas, manifestou a expectativa de que uma estátua fosse esculpida em sua homenagem.

A "escultura heroica" era vista, na época, como meio de reconhecimento público aos que se dedicavam ao bem da coletividade. Monteiro Lobato, no artigo "A estátua do patriarca", de 1913, dedicado a José Bonifácio de Andrada e Silva, argumentou que faltava em São Paulo um monumento em memória do patriarca da Independência, "o vulto máximo de nossa história".[8]

Reagia, com ironia, à disponibilização pelo Congresso Legislativo do Estado de São Paulo de uma verba para a construção de um monumento "ao general Glicério":

> Felizmente, S. Paulo, voltando atrás, resolveu pagar a dívida de gratidão para com o maior de seus filhos. O monumento salvador dos nossos brios está prestes a erguer-se em bronze numa praça pública. O Congresso Legislativo do Estado acaba de votar uma verba de duzentos contos para ereção duma estátua... ao general Glicério![9]

O significado político e social atribuído à escultura em "A vida das estátuas" estava de acordo com a mentalidade da época. Euclides descreveu com detalhes a estátua de Rude, que, de fato, não conheceu diretamente. Fez uma precisa exposição do contraposto da figura forjada em bronze, deixando entrever que examinou cuidadosamente a representação imagética do Marechal.

Nos escritos euclidianos, sobejam alusões às artes plásticas; várias passagens de *Os sertões* manifestam a sensibilidade pictórica do escritor:

> Em torno [de Canudos], o debuxo misterioso de uma paisagem bíblica: a infinita tristura das colinas desnudas, ermas, sem árvores.

---

8 Lobato, *Ideias de Jeca Tatu*, 1959, p.120. Os artigos de Monteiro Lobato sobre arte foram originalmente publicados na imprensa (em *O Estado de S. Paulo* e na *Revista do Brasil*) e, mais tarde, incluídos no livro *Ideias de Jeca Tatu*.

9 Ibid., p.121.

Um rio sem águas, tornejando-as, feito uma estrada poenta e longa. Mais longe, avassalando os quadrantes, a corda ondulante das serras igualmente desertas, rebatidas nitidamente, na imprimadura do horizonte claro, feito o quadro desmedido daquele cenário estranho.[10]

Gilberto Freyre, como já foi observado na nota introdutória deste livro, argumentou que Euclides esculpia com palavras, tirando delas "o máximo de recursos esculturais"[11] e que suas personagens tinham relevos escultóricos.

De fato, na descrição da degola de um sertanejo conselheirista por soldados do exército, a figura do condenado foi apresentada como um bloco em movimento, alteando-se no espaço de maneira épica e escultórica:

> Daquele arcabouço denegrido e repugnante [...] despontaram, repentinamente, linhas admiráveis – terrivelmente esculturais – de uma plástica estupenda [...] num desempeno impecável, feito uma estátua, uma velha estátua de titã, soterrada havia quatro séculos e aflorando, denegrida e mutilada, naquela imensa ruinaria de Canudos.[12]

Assim, nesse artigo de 1904, Euclides da Cunha revisitou e examinou um tema grato a sua sensibilidade de artista e de escritor comprometido com causas sociais coletivas, as quais, em seu entendimento, ganhariam forma nas *sínteses artísticas* das *esculturas heroicas*.

---

10 Cunha, *Os sertões*, 1981, p.296.
11 Freyre, Euclides da Cunha. In: _____. *Perfil de Euclides e outros perfis*, 1987, p.24.
12 Cunha, op. cit., 1981, p.380.

2
CASTRO ALVES E A INVERSÃO EVOLUTIVA DA HISTÓRIA DO BRASIL

"Castro Alves e seu tempo" foi uma conferência proferida por Euclides da Cunha para estudantes da Faculdade de Direito de São Paulo. O orador tinha consciência do culto que a mocidade acadêmica devotava ao poeta, que estudara na Faculdade de Direito do Recife e também na de São Paulo. O tema fora-lhe mesmo recomendado pelos estudantes do Centro Acadêmico XI de Agosto e fazia parte da cerimônia de inauguração do busto em bronze do escritor.

Euclides da Cunha ocupava uma cadeira na Academia Brasileira de Letras, cujo patrono era o poeta; e a ele havia se referido na ocasião de sua recepção na instituição, manifestando uma crítica desfavorável ao aspecto demasiadamente enfático de sua arte. Confessou, inclusive, não apreciar a poesia do escritor baiano:

> Estou [...] ante uma grandeza que à primeira vista não admiro porque não a compreendo. O que diviso é dúbio e incaracterístico. [...] Recito-lhes os versos; e a breve trecho, sobretudo se insisto na maneira que tanto o estrema dos demais cantores, o meu espírito fatiga-se, sem essa intensa afinidade de estímulos que forma o parentesco virtual entre o pensador e os que o leem.[1]

---

1 Cunha, Discurso de recepção [Contrastes e confrontos]. In: Coutinho (Org.), *Obra completa*, 1995b, v.1, p.232.

24 JOSÉ LEONARDO DO NASCIMENTO

O conferencista tinha consciência que divergia dos estudantes de São Paulo a propósito do julgamento estético das poesias de Castro Alves, tanto que escreveu, dias antes da palestra, ao amigo Francisco Escobar, que conhecera na cidade paulista de São José do Rio Pardo, prevendo o descontentamento de seus interlocutores:

> [...] lá vou pelo noturno, de domingo, 8 de dezembro, a S. Paulo, onde farei no dia seguinte uma conferência sobre Castro Alves, para auxiliar a construção da herma do poeta. Andei em talas para arranjar coisa que possa agradar a estudantes. Mas conto com o insucesso. Felizmente, de qualquer modo, lucrará o poeta.[2]

No entanto, o orador dispunha de um recurso para abrandar seus reparos críticos à obra do poeta. Como se tratava de uma conferência, podia empregar os procedimentos da oratória para exprimir pontos de vista sobre o homenageado sem contrariar em demasia a expectativa do público estudantil.

Na abertura do discurso, o exórdio,[3] excedeu-se em gentilezas com os ouvintes e procurou captar a atenção do público para os argumentos que seriam expostos. Percebe-se que Euclides almejava alcançar um equilíbrio entre duas perspectivas críticas diversas: a sua, cética, quanto ao valor irrefutável das qualidades da literatura de Castro Alves, e a dos ouvintes, entusiasmados com a obra e a vida romanesca do escritor baiano.

Em um primeiro momento, a obediência estrita aos cânones da retórica visava, ao que parece, a criar uma atmosfera de empatia entre o expositor e o público, mesmo se entre eles predominassem

---

2 Galvão; Galotti (Orgs.), *Correspondência de Euclides da Cunha*, 1997, p.343. Carta do Rio de Janeiro, datada de 28 de novembro de 1907. Ao contrário do que afirmou Euclides, a conferência foi pronunciada no dia 2 e não em 9 de dezembro de 1907.

3 Um compêndio espanhol de retórica do século XIX definiu o exórdio com as seguintes palavras: "Llámase *exordio* el preámbulo ó introduccion del discurso: su objeto es preparar el ánimo de los oyentes para que nos oigan con atencion y benevolencia". (Vehí, *Compendio de retórica y poética, ó nociones elementales de literatura*, 1875, p.171).

EUCLIDES DA CUNHA E A ESTÉTICA DO CIENTIFICISMO **25**

discordâncias. Em seguida, a discussão sobre o método de análise, que praticamente constituiu uma segunda parte da oratória, também lhe forneceu a chave da conciliação entre posições conflitantes. Ele reconheceria a relevância de Castro Alves para a compreensão da formação da nacionalidade brasileira e ainda sustentaria, com habilidade, seu julgamento estético desfavorável à arte do poeta.

A partir da discussão metodológica, a conferência ganhou rigor filosófico, já expresso pelo título, "Castro Alves e seu tempo". O tempo tornar-se-ia a pedra de toque da análise, a poesia de Castro Alves seria interpretada por meio de sua relação com o momento histórico de seu florescimento.

Euclides hauriu de sua formação filosófica no positivismo de Auguste Comte a base conceitual do método utilizado. Empregava, notadamente, as noções comtianas da classificação enciclopédica das ciências. Reconhecia haver diferenças entre as ciências naturais e as ciências dos "fatos morais", ou sociais, que adviriam da natureza dos fenômenos de que tratavam, uns permanentemente mutáveis ("o *perpetuum mobile* do sentimento ou do espírito"), outros repetitivos, "que se eternizam na passividade da matéria".[4]

Assim, os fenômenos sociais, distintos em certa medida dos da natureza, exigiriam do observador a aplicação de um método que considerasse seu dinamismo. O orador foi rigorosamente positivista nesse discurso do método. Visto pelos olhos modernos da sociedade brasileira de 1907, o ano em que proferia o discurso, a "fantasia exagerada"[5] do poeta estaria ultrapassada e anacrônica. Euclides desenhou, assim, o afresco de um mundo moderno com usinas e locomotivas a vapor, telégrafos, navios transatlânticos; referia-se a uma realidade caracterizada, em seu entender, por um processo crescente de humanização das energias da natureza.

Os motivos colossais da poética de Castro Alves – a cachoeira de Paulo Afonso, os oceanos imensos, os recifes colossais – estariam

---

4 Cunha, Castro Alves e seu tempo [Outros contrastes e confrontos]. In: Coutinho (Org.), *Obra completa*, 1995a, v.1, p.464.

5 Ibid., p.467.

26 JOSÉ LEONARDO DO NASCIMENTO

como que adormecidos no regaço tranquilo da humanidade favorecida pelo controle crescente do mundo natural pelas conquistas científicas.

O "misticismo maravilhoso"[6] do poeta estaria, pois, ajustado ao momento histórico em que as forças da natureza ainda escapavam ao domínio humano. Concluía, portanto, que, para aferir a importância poética de Castro Alves, o analista, deveria despir-se das noções de sua época e enxergar o poeta como um astro distante no espaço.

Transcender a época do observador, narrar os sucessos do tempo em que viveu e produziu o artista – tais seriam as exigências metódicas da análise, que buscasse recobrar ou avaliar a importância real, cultural e histórica do artista.

O raciocínio euclidiano tinha dois pressupostos. Situava Castro Alves na história do Brasil e na época em que viveu. Desse modo, a poesia de Castro Alves teria um duplo conteúdo histórico, exprimindo a matéria de sua época – o descontrole selvagem das forças naturais ainda não subjugadas pelo engenho humano – e os traços característicos da história do Brasil. Dessa maneira, o rigor metodológico do orador transformou seu discurso em um ensaio sobre a história do país.

Euclides havia escrito, na ocasião da comemoração dos 400 anos do descobrimento do Brasil, um artigo intitulado "O Brasil no século XIX". Publicado no jornal *O Estado de S. Paulo* em 31 de janeiro de 1901, foi republicado com o título "Da independência à República" na *Revista do Instituto Histórico e Geográfico Brasileiro* em 1906 (v.69). Logo após, em 1909, mantendo o título anterior, foi recompilado no livro *À margem da história*.[7]

---

6 Ibid.

7 Euclides republicava, frequentemente, em livros ou revistas textos em geral escritos para jornais. Suas últimas produções livrescas, como *Peru versus Bolívia, Contrastes e confrontos* e *À margem da história* foram compostas por matérias jornalísticas. Ensaios como "Da independência à República" eram, também, reutilizados, reproduzindo-se, em novos artigos, argumentos e passagens significativas já divulgadas. Às vezes, publicava os mesmos textos simultaneamente, ou quase, nos jornais do Rio de Janeiro e de São Paulo.

EUCLIDES DA CUNHA E A ESTÉTICA DO CIENTIFICISMO **27**

O arcabouço histórico das considerações euclidianas sobre Castro Alves, expostas na Faculdade de Direito de São Paulo em 1907, tinha origem nesse texto fundador de 1901, "O Brasil no século XIX", que se baseara, em grande parte, na longa biografia política que Joaquim Nabuco escrevera sobre seu pai, o Conselheiro Nabuco de Araújo.[8]

Euclides definiu na conferência sobre Castro Alves, como no artigo de 1901, a particularidade da história brasileira, comparando-a com a evolução social dos países europeus. Entendia que o espetáculo evolutivo das nações progressistas era uma espécie de pedra filosofal que permitia caracterizar os desvios de padrão ostentados pela nação brasileira. Assim, a formação social brasileira seria uma imagem invertida do diagrama evolutivo das sociedades "estáveis" do planeta.

Essa inversão evolutiva significava, basicamente, que a unificação política se antecipara à constituição da nacionalidade. Teria ocorrido o contrário nos exemplos históricos relevantes, como os de muitos povos europeus, em que primeiro se constituiu a nação e, mais tarde, levantou-se o Estado sobre essa base nacional.

Euclides insistia, em suas análises da história do Brasil, nesse vínculo, tido como necessário, entre constituição de nacionalidades e formação de Estados, sem, no entanto, comprová-lo com exemplos históricos.

O historiador francês Charles Seignobos, no livro *Histoire sincère de la nation française*, sustentou, ao contrário da crença euclidiana, que o Estado francês unificou povos de etnias distintas. A unidade política francesa teria, assim, a mesma natureza da "inversão evolutiva brasileira":

O artigo "Marechal de ferro", por exemplo, foi publicado no *Estado de S. Paulo* de 29 de junho de 1904 e no *Correio da Manhã* de 1 de julho do mesmo ano. Em 1907, foi incluído em *Contrastes e confrontos*. O "Discurso de recepção", proferido em 18 dezembro de 1906 na Academia Brasileira de Letras, ocupou as primeiras páginas dos jornais *O Estado de S. Paulo* e *O Jornal do Comércio* do Rio de Janeiro no dia seguinte, 20 de dezembro. Depois, foi incluído na segunda edição de *Contrastes e confrontos* (1907).

8 Nabuco, *Nabuco de Araújo:* um estadista do Império, 1899.

JOSÉ LEONARDO DO NASCIMENTO

A população atual da França apresenta uma mistura muito heterogênea das três raças da Europa. A maior parte dos indivíduos possui caracteres de raças diferentes, como, por exemplo, olhos azuis e cabelos escuros. Os franceses constituem um povo mestiço, não existe raça francesa nem tipo francês.[9]

É provável que Euclides da Cunha atentasse para o nacionalismo de historiadores ou ideólogos europeus empenhados no engrandecimento de seus países e pensasse, sobretudo, no processo de unificação política da Alemanha, que se completou em 1870 com a vitória militar germânica sobre as tropas francesas do Segundo Império, elevando-o à categoria de modelo histórico.

A Alemanha unificada de então ostentava força militar e econômica excepcional. Nesse período, surgiu no Brasil um grupo de escritores e pensadores germanistas na contracorrente da cultura francófila ambiente. Entre eles, distinguiu-se Tobias Barreto, escritor, poeta e professor da Faculdade de Direito do Recife.

No viés euclidiano, nação adquiria um significado biológico, estendendo-se ao conjunto de indivíduos de traços fisionômicos, culturais e psicológicos semelhantes.[10] Sem uniformidade étnica, não haveria nação. O Brasil teria invertido a sequência-padrão dos fatos históricos, subsumindo em uma unidade política, consolidada com a independência do País e com a instauração de uma monarquia constitucional, três povos, "três cores, [...] três línguas, [...] três estágios evolutivos".[11] A fisionomia histórica brasileira ganharia relevo na contraluz da história modelo, branca e europeia. Na contracorrente do modelo europeu, a nacionalidade brasileira teria sido "feita por uma teoria política".[12]

---

9 Seignobos, *Histoire sincère de la nation française*, 1983, p.29.

10 "Acima da unidade política germânica, desenhada a tira-linhas e a régua, nas cartas do estado-maior prussiano, existe uma coisa mais alta – a unidade moral da Alemanha." Cunha, *Castro Alves e seu tempo* [Outros Contrastes e confrontos]. In: Coutinho (Org.), *Obra completa*, 1995a, v.1, p.481.

11 Ibid., p.469.

12 Ibid., p.468. Esse argumento já havia sido utilizado por Euclides no ensaio "Da independência à República" (esboço político) [À margem da história]. In: Coutinho (Org.), *Obra completa*, 1995c, v.1, p.374.

EUCLIDES DA CUNHA E A ESTÉTICA DO CIENTIFICISMO   **29**

O quadro social do Brasil, esboçado pelo autor de *Os sertões*, seria mais complexo que o de seus modelos, representado pelas sociedades europeias. Em seu entender, a história-modelo europeia inflamava a imaginação da elite nativa brasileira, que, fascinada pelos esplendores da civilização, dedicava-se a copiar novidades culturais vindas do exterior.

No "Discurso de recepção" na Academia Brasileira de Letras, insistiu que, com as novidades doutrinárias europeias da segunda metade do Oitocentos, houve um agravamento desse *éthos* cultural com a cópia de *fórmulas* filosóficas, vazias de conteúdo, como "determinismo, [...] evolução, [...] inconsciente, [...] incognoscível".[13] A "cadeia [evolutiva] tradicionalista que se dilatara até aquele tempo com Alencar e Porto Alegre" rompera-se, no entender do orador, "atirando-se para frente quase envergonhada"[14] do passado brasileiro.

Nessa passagem do "Discurso de recepção", Euclides aludiu à posição de Machado de Assis nos debates dos últimos trinta anos do século XIX brasileiro, recordando, ao que parece, as divergências de interpretação de *O primo Basílio*, de Eça de Queirós, ocorridas em 1878 por meio da imprensa carioca.

Nas páginas do jornal *O Cruzeiro*, Machado considerara que o romance eciano rompera com a boa tradição literária de Almeida Garret, Gonçalves Dias, Alexandre Herculano e José de Alencar.

As palavras de Euclides na sessão da Academia, sob a presidência do próprio Machado de Assis, revelam que os contemporâneos do escritor de *Dom Casmurro* tinham consciência de sua oposição às novidades culturais da época, caracterizadas pela importação das filosofias da história deterministas e cientificistas europeias, reunidas sob o nome de "Ideia Nova".

O vocabulário euclidiano empregado no "Discurso de recepção" exprimia precisamente o conteúdo da argumentação machadiana.

---

13 Cunha, Discurso de recepção [Contrastes e confrontos]. In: Coutinho (Org.). *Obra completa*, 1995b, v.1, p.236.

14 Ibid., p.235.

30   JOSÉ LEONARDO DO NASCIMENTO

Segundo Euclides da Cunha, a "inteligência brasileira" aprendia "de cor a civilização" e o "espírito nacional [a par desse parasitismo cultural] reconstruía-se pelas cimalhas, arriscando-se a ficar nos andaimes altíssimos [sem pontos de apoio], luxuosamente armados".[15]

Assim, brotava da pena euclidiana uma teoria da história do Brasil que, exposta pela primeira vez no ensaio jornalístico "O Brasil no século XIX", atravessou o conjunto de sua produção cultural.

Considerou no ensaio e na conferência sobre Castro Alves que a história brasileira avançava aos saltos, abruptamente. Sem Idade Antiga e Idade Média, a sociedade colonial brasileira recebera, de improviso, vários componentes históricos da Antiguidade e do medievo, inaugurando um procedimento que, embora anômalo quando comparado com os povos de evolução realizada, seria a regra da história brasileira.

Em *Os sertões*, baseando-se em alguns argumentos da *História de Portugal*, de Oliveira Martins,[16] Euclides da Cunha concluiu que o povoamento do Brasil foi inteiramente realizado por um povo decadente e desequilibrado com a perda da independência política portuguesa em 1580. Para a colônia, teriam sido transplantados os estigmas daqueles desvarios e desequilíbrios, que aqui permaneceram como uma espécie de herança decadente.

Os fatos aconteceriam em terras brasileiras sem longa maturação evolutiva, premidos, quase sempre, pela imitação dos sucessos estrangeiros. Uma teoria das elites, aspecto essencial do pensamento euclidiano, estava na origem dessas observações. Em vez de atentar para as particularidades de sua sociedade e de prepará-la para alcançar os primores da civilização, a classe dirigente brasileira se voltaria para os países avançados, importando constituições e códigos jurídicos, que eram novidades, até mesmo, nas sociedades que os originaram.

A dinâmica social brasileira alterava, no entender de Euclides, o padrão da linha contínua e acumulativa da evolução. A República

---

15 Ibid.

16 Martins, *História de Portugal*, 1882. A primeira edição é de 1879.

EUCLIDES DA CUNHA E A ESTÉTICA DO CIENTIFICISMO **31**

foi proclamada sem que se forjasse e crescesse o ideal republicano no âmago da história do país. O mesmo ocorreu, segundo o autor, com o projeto de abolição da escravidão.

Aludindo aos movimentos sociais e políticos que sacudiram o país de 1831 a 1848, sustentou que não havia, nas intenções dos revolucionários, projetos republicanos e abolicionistas. Escreveu que nos "tumultos [...] de [18]42 em São Paulo e Minas e nos de [18]48 em Pernambuco, os rebeldes, timbrosos em conclamar a adesão ao trono, arremetem com as tropas imperiais saudando a realeza".[17]

A marcha evolutiva da história brasileira seria complicada pela cópia de conquistas civilizacionais estrangeiras, transferidas para uma realidade inapta a recebê-las. Euclides desenhava, assim, uma filosofia da história que explicaria tanto a formação de conjunto como as particularidades da sociedade brasileira.

Argumentava, em síntese, que uma história avessa ao ritmo evolutivo percorrido pelas nações constituídas dificilmente alcançaria a civilização, tanto ambicionada pelas elites como fundamental para a manutenção da autonomia política do país.

Em *Os sertões*, a inversão evolutiva da história brasileira foi vista e expressa de maneira dramática: "Ou progredimos, ou desaparecemos".[18] O autor pensava no espetáculo histórico de dominação pelas "nações estáveis", de povos e nações de grandes extensões. Por sua vez, nos artigos publicados em *Contrastes e confrontos*, o clima de temor do domínio estrangeiro atenuou-se, recebendo a designação de "temores vãos". O "imperialismo hodierno" foi então definido como tranquilo e antimilitarista, re-

---

17 Cunha, Castro Alves e seu tempo [Outros contrastes e confrontos]. In: Coutinho (Org.), *Obra completa*, 1995a, v.1, p.470-1.

18 O argumento que a história do Brasil transgredia a ordem natural da evolução social ganhou cores dramáticas em *Os sertões*: "Predestinamo-nos à formação de uma raça histórica em futuro remoto, se o permitir dilatado tempo de vida nacional autônoma. Invertemos, sob este aspecto, a ordem natural dos fatos. A nossa evolução biológica reclama a garantia da evolução social. Estamos condenados à civilização. Ou progredimos ou desaparecemos. A afirmativa é segura" (Cunha, *Os sertões*, 1981, p.52).

32 JOSÉ LEONARDO DO NASCIMENTO

sultando da expansão transbordante e natural de força das nações progressistas.[19]

De qualquer modo, a teoria euclidiana da história brasileira constituiu-se no arcabouço lógico da conferência sobre Castro Alves em 1907. Essa perspectiva histórica foi fundamental para o entendimento e a explicação do sucesso artístico do poeta baiano, assim como do conteúdo abolicionista e da natureza de sua poesia.

O poeta espelharia a história de sua época e os traços psicológicos mais significativos da população brasileira. Castro Alves, atento aos ideais do momento, inaugurou a luta pela emancipação dos escravos, quando o abolicionismo ainda não havia surgido no Brasil. O artista, teria absorvido esses sinais libertários do exterior – ideais de sua época, elaborados e propagados no mundo pelos abolicionistas –, aplicando-os à sociedade escravista brasileira. Ele teria, além disso, surgido em um momento singular da história do país, "nascendo com o renascimento de sua terra".[20] Finda a quadra histórica "sem fisionomia, sem emoções e sem crenças", as manifestações populares ganharam as ruas sob a liderança de políticos, agitadores e tribunos como Teófilo Otoni.[21]

O escritor baiano seria uma espécie de sismógrafo que captaria os abalos subterrâneos da sociedade, exprimindo-os literariamente de maneira, ao mesmo tempo, sintética e intensa. Condensavam-se, em sua verve de artista, tendências sociais dispersas e mal definidas. Essa espécie de imitação e condensação literária de projetos sociais, ainda vagos, atuaria no sentido de sua realização histórica.[22]

---

19 "Temores vãos" é o título de um ensaio de Euclides da Cunha publicado em *Contrastes e confrontos*, em 1907.

20 Cunha, Castro Alves e seu tempo [Outros contrastes e confrontos]. In: Coutinho (Org.), *Obra completa*, 1995a, v.1, p.472.

21 Ibid., p.471.

22 A propósito da relação do indivíduo com o seu meio social, o historiador Claudinei Magno Magre Mendes escreveu: "É necessário também examinar sua trajetória [de Caio Prado Júnior] intelectual no interior dos embates políticos de que participou. Evidentemente, não estamos afirmando que a descrição do contexto histórico constitua o caminho eficaz para explicar o pensamento político de um autor. Não concordamos com a ideia de que é o

EUCLIDES DA CUNHA E A ESTÉTICA DO CIENTIFICISMO   **33**

Castro Alves foi, segundo o orador, o grande homem daquele momento. Produzido, embora, pelo meio social em que vivia, transcendeu-o, em certa medida, dando forma a projetos apenas esboçados na consciência da multidão, incapaz, por si mesma, de socialmente efetivá-los.

Além disso, os aspectos formais de sua escrita, assim como os assuntos de que tratava, expressavam as feições da história do país, a inversão evolutiva da história brasileira. A realidade social – o caldeamento racial incompleto, o dinamismo tumultuário de uma nação informe – estaria na base do estilo, da fatura literária ruidosa da produção do poeta.

Na "instabilidade característica das combinações incompletas", a palavra de um poeta, identificado com o "sentimento coletivo" da nação, só poderia ser "ampliada", "vulcânica", "hiperbólica", "exagerada".[23] Imperfeitos, desequilibrados e grandiosos, os versos de Castro Alves guardariam significado oculto, requeriam para a nação brasileira, ainda em formação, um futuro igualmente grandioso e épico.

A análise euclidiana, insistindo no vínculo estreito do poeta com seu tempo, acabou por isolá-lo da tradição literária do Romantismo de Victor Hugo. O artista representaria, mais que o romantismo hugoano, o momento histórico e os caracteres raciais de seu povo. Nessa passagem, Euclides retomava um argumento da análise do fenômeno social de Canudos em *Os sertões*.

Os componentes mais profundos e resistentes da "raça" brasileira estariam preservados nas populações sertanejas – os sertões revelariam, assim, a clara essência do Brasil. O *éthos* racial brasileiro, dissimulado nos artifícios de uma "civilização de empréstimo"[24]

---

contexto que explica o autor. Sob certos aspectos, é o autor que explica o contexto, pois, à medida que dá respostas às questões formuladas pela história e identifica seus interlocutores explicita também o contexto em que está atuando" (*Política e história em Caio Prado Júnior*, 2008, p.33).

23 Cunha, Castro Alves e seu tempo [Outros contrastes e confrontos]. In: Coutinho (Org.), *Obra completa*, 1995a, v.1, p.474.

24 Expressão significativa e utilizada em grande parte da obra euclidiana.

litorânea, estaria visível nas sociedades do interior do país. Seria necessário abandonar as cidades para se entender o Brasil.

Euclides argumentava que a fala dos sertanejos revelava o *quid* do povo brasileiro e que Castro Alves escrevia como os sertanejos falavam. Haveria uma homologia entre o estilo literário de Castro Alves e as metáforas, as alegorias e as antíteses das trovas sertanejas.

A "rocha viva da nacionalidade", os homens dos sertões, seria romântica, e o poeta baiano, uma espécie de trovador sertanejo. No falar do sertanejo e nos versos do poeta, pulsaria a mesma predominância da imaginação sobre a observação da realidade. Ambos caminhariam, falariam e escreveriam fora da "mediana norteadora", que conciliaria a imaginação criadora com a justa observação empírica da realidade.[25]

O retrato do poeta pintado por Euclides da Cunha descia aos pormenores. As mínimas feições do retratado deveriam, também, ser compreendidas ou explicadas. Personagem de um país em ebulição e em movimento, o poeta era, igualmente, um habitante do mundo. Castro Alves era um enigma que seria explicado pela história e que, por seu turno, a explicaria.

---

25 "Mediana norteadora" é uma noção desenvolvida e apresentada por Euclides da Cunha no discurso "Castro Alves e seu tempo". Ele definiu a noção de mediana norteadora nos seguintes termos: "[...] quer nas pesquisas da ciência, quer na contemplação artística, quer nos inumeráveis aspectos da ordem prática, devemos submeter a nossa imaginação à nossa observação, porém de modo que essa não anule aquela: isto é, que os fatos, reunidos pela ciência, não se agreguem numa pesada e árida erudição e só nos tenham a valia que se derive de suas leis; que os modelos, ou objetos do nosso descortino artístico, não se submetam em tanto extremo à ordem material, que nos extingam o sentimento profundo da natureza, apequenando-nos num raso realismo; e que as exigências utilitárias da vida prática, o ansiar pelo sucesso, a nobre vontade de vencer com os recursos que crescem, a subir, desde a riqueza até ao talento, não rematem fechando-nos o coração e exsicando-nos o espírito, deixando-nos sem as fontes inspiradoras da afetividade e das nossas fantasias. Nem místicos nem empíricos... [andamo-nos] ainda muito abeirados do misticismo, fora da mediana norteadora entre a existência especulativa e a existência ativa. A emoção espontânea ainda nos suplanta o juízo refletido. Somos uma raça romântica" (Castro Alves e seu tempo [Outros contrastes e confrontos]. In: Coutinho (Org.), *Obra completa*, 1995a, v.1, p.480).

EUCLIDES DA CUNHA E A ESTÉTICA DO CIENTIFICISMO   35

A geração cultural brasileira a que pertencia Euclides da Cunha enxergava o Brasil observando a história dos países europeus. Entendia que a evolução social se completara nos países progressistas do além-mar. A Europa seria o norte das nações em formação como o Brasil. Tanto quanto o sertão seria o ponto de referência para se compreender o país, a história das nações estáveis descortinaria o espetáculo do qual o Brasil deveria ser um dia protagonista e ator.

A Alemanha, que havia, como o Brasil, atravessado a fase artística do Romantismo, constituiu-se em um Estado-nação poderoso e expansionista. O raciocínio euclidiano era silogístico: como o Romantismo era a poética das "fases transitórias da história", de maneira semelhante ao que se passou na Alemanha, o Romantismo brasileiro conseguiria prever um futuro favorável e glorioso para o Brasil.

Uma nação "prática" como a Alemanha viveu um largo período de sua história fora da "mediana norteadora". Como romântica, "moldava o mundo exterior a sua subjetividade". E o que seria um mal "como forma definitiva" revelou-se um "bem na fase transitória" por que passam as nações.[26]

Porém, o enigma da esfinge não estava ainda inteiramente decifrado. O método empregado por Euclides era histórico e foi explicitado pelo título da conferência, "Castro e Alves e seu tempo". O poeta, por ser um modelo de sua época, foi louvado e encarecido pelos seus contemporâneos.

Mas Euclides discursava para admiradores entusiasmados de Castro Alves, quase quarenta anos após sua morte. O poder encantatório do artista não se arrefecera nos novos tempos. O fascínio exercido por Castro Alves transcendia, pois, às questões históricas que vivenciara e modelava artisticamente.

O método histórico empregado por Euclides desembocou em um impasse: como Castro Alves, tão estreitamente vinculado a seu tempo, demasiadamente carregado de matéria histórica, poderia superar a época e fruir de prestígio permanente na cultura brasileira?

---

26 Ibid., p.481.

A solução da aparente aporia, gerada pela perspectiva histórica, estaria no emprego da noção de geração. Castro Alves seria o poeta das novas gerações, dos jovens impetuosos, generosos e realizadores. A mocidade teria a natureza das épocas pré-científicas em que a imaginação afoga a observação empírica e aponta para a urgência das transformações históricas e sociais. Euclides reconhecia o valor inegável dos versos de Castro Alves para as gerações passadas e presentes do país, embora ele mesmo proclamasse reduzida sua admiração pelo poeta.

Em suma, a conferência sobre Castro Alves no Centro Acadêmico XI de Agosto da Faculdade de Direito de São Paulo consistiu em um ensaio sobre história e arte. Além disso, foi um texto de filosofia da arte, permeado por reflexões estéticas.

O orador-ensaísta – ao desenvolver uma teoria geral das artes nas sociedades humanas – ultrapassou o objeto empírico que analisou. O desempenho de Castro Alves como "propagandista" das ideias de sua época, "gravando-as na alma da multidão",[27] atualizou, localmente, o papel exercido pela arte na vida social da humanidade. A arte não se limita a embelezar a experiência humana, considerando que as "emoções estéticas [são] sempre indispensáveis aos grandes acometimentos" históricos.[28]

Euclides da Cunha concebeu a ação do artista na arena em que se realiza a transformação social. A arte deixaria visível e tornaria palpável aos agentes históricos a necessidade da mudança social e agiria, assim, sobre a história que lhe teria originado.

"Aparentemente subjetivas",[29] as fantasias dos poetas refletiriam o sentido da evolução social. A história seria, assim, movida pela emoção proporcionada pelas formas artísticas. A concepção da arte como condição da ação reaparece em seu ensaio seguinte sobre poesia, o prefácio do livro *Poemas e canções,* de Vicente de Carvalho.

---

27 Ibid., p.478.
28 Ibid., p.472.
29 Ibid., p.473.

3
ANTES DOS VERSOS, A PROSA DO ENGENHEIRO

Em 1908, Euclides da Cunha escreveu o prefácio do livro *Poemas e canções*, de Vicente de Carvalho, quatro anos depois da publicação do artigo dedicado à reflexão sobre arte, "A vida das estátuas".

A princípio, um tanto inseguro em explorar um território novo e desconhecido, definindo-se como engenheiro, matemático ou cientista, Euclides produziu, em quatro anos, um volume textual sobre arte, em que se observam recorrências de argumentos, ênfase em certos temas e algumas modificações dos pontos de vista iniciais.

Vimos que no "Discurso de recepção" na Academia Brasileira de Letras, em 1906, dissertou sobre a literatura do patrono, Castro Alves, e do último ocupante, Valentim Magalhães, da cadeira que assumia. Voltou a falar sobre Castro Alves no discurso proferido na Faculdade de Direito de São Paulo, no último mês de 1907.

Realmente, o prefácio tem muitos aspectos semelhantes aos trabalhos anteriores, como, por exemplo, a precisão metodológica, o rigor do raciocínio e a fundamentação filosófica dos argumentos. O autor iniciava as análises com um preâmbulo metodológico e buscava estabelecer uma interlocução entre ciência e arte.

Euclides pensava viver em um momento privilegiado da humanidade, caracterizado pela impregnação da existência social, mesmo cotidiana, pelas verdades demonstradas pela ciência.

38 JOSÉ LEONARDO DO NASCIMENTO

Havia um pressuposto no conjunto de sua produção cultural, considerado por ele evidente e que, portanto, não precisaria ser demonstrado: a certeza de que a evolução histórica teria alcançado o estágio positivo da cientificidade em algumas nações do mundo. Assim como a sociedade, as manifestações artísticas teriam sido modificadas e redefinidas pela supremacia da ciência.

Na primeira parte de "Antes dos versos", título do prefácio do livro de Vicente de Carvalho, Euclides procurou avaliar a situação da ciência e da arte "no período avantajado da existência humana". Assim sendo, *Poemas e canções* não é, praticamente, citado nesta abertura, a não ser implicitamente na primeira linha, quando o autor aludiu à "prosa do engenheiro" ("Aos que se surpreendem de ver a prosa do engenheiro antes dos versos do poeta [...]").[1]

Depois, ao dar exemplos de manifestações artísticas opostas ou contrárias à literatura de Vicente de Carvalho, referiu-se a um grupo de poetas, considerados decadentes e fautores de uma poesia passadista de resistência às verdades da ciência.

Logo após considerar os vínculos mais gerais entre ciência e arte, o texto euclidiano iniciou a análise do conteúdo poético do livro, apresentado-o como exemplo de simbiose bem construída de beleza artística e conhecimentos científicos.

Há, portanto, um claro andamento expositivo em "Antes dos versos". Às considerações gerais sobre ciência e arte, segue a análise de um objeto particular: os versos de Vicente de Carvalho.

Comparando o conjunto da argumentação dessa primeira parte com os ensaios anteriores, voltados para o mesmo assunto, a reflexão sobre arte e ciência, nota-se uma ligeira alteração nos pontos de vista euclidianos. Como de praxe, ciência e arte não foram entendidas como construtos antagônicos do espírito humano. O autor reconheceu, mais uma vez, a complementaridade da arte em relação à ciência, insistiu que "os fatos capazes de definições científicas" precisariam da sublimação estética, do "véu diáfano da fantasia" artística.

---

1 Cunha, Antes dos versos [Outros contrastes e confrontos]. In: Coutinho (Org.), *Obra completa*, 1995a, v.1, p.483.

Porém, a particularidade do prefácio de *Antes dos versos* é a afirmação que a "idealização artística" é inerente à atividade científica. Os cientistas seriam, por princípio, idealistas, construtores de "naturezas ideais" opostas à "natureza tangível". Haveria, também, muito da "miragem" do maravilhoso nas hipóteses científicas. Embora considerasse haver diferenças entre o realismo e o sonho, reconheceu que o trânsito contínuo entre eles constituía o apanágio da atividade artístico-científica.

No entender de Euclides, o trabalho dos cientistas revela aspectos da natureza fulgurantes e feéricos, capazes de liberar as imaginações e fazer devanear os mais rigorosos dos naturalistas. Os carvões de pedra que movem as locomotivas, por exemplo, armazenam energias solares que podem ser vistas como "clarões de nebulosas", "auroras apagadas há milênios",[2] mas que neles foram retidas e conservadas.

Na conferência "Castro Alves e seu tempo", esse ponto de vista da inerência do *mistério* à matéria já estava presente, embora não se constituísse na pedra angular da análise da obra do poeta.

Foi no prefácio de *Poemas e canções* que Euclides explorou todos os desdobramentos do argumento. Em seu entender, os cientistas, estudiosos da natureza, resvalariam em um mundo misterioso, tateando uma "obscura zona neutral alongada à beira do desconhecido".[3]

Contrapostos a essa vertigem abissal, os batedores das ciências intentariam cumprir um movimento de retorno à explicação simples da matéria ou de "constrangimento" da alma "no esconderijo de uma especialidade" científica, evitando as fantasias perigosas da "grande embriaguez dionisíaca da vida".[4] O retorno à segurança logo se revelaria vão, porque até mesmo no "terra a terra da atividade profissional" interviria "um recalcitrante idealismo"[5]. Pode-se resumir o argumento euclidiano em poucas palavras: a atividade científica é uma viagem permanente da matéria para o sonho.

---

2 Ibid.
3 Ibid., p.484.
4 Ibid.
5 Ibid.

40 JOSÉ LEONARDO DO NASCIMENTO

Mais à frente, analisando um poema de Vicente de Carvalho, Euclides referiu-se ao caminho inverso, da trajetória científica, percorrida pelos artistas. No poema "Vozes ao mar", o eu poético dirige-se, do sonho ou do devaneio, para a apreensão científica da realidade.

O caminho para a ciência poderia ter, portanto, como ponto de partida, a sensibilidade de quem reage, devaneia e se inquieta diante das coisas do mundo: "[...] quem quer que se alarme ante [o] mar perseguidor e [a] terra prófuga riscará os melhores capítulos da geologia dinâmica".[6]

Euclides insistiu, de maneira como não fizera nos textos anteriores, que existia muito de "idealismo no senso comum científico" e que as "coisas positivas não [eram] estéreis".[7]

Além disso, reconhecia que o procedimento científico era homólogo ao fazer artístico em um determinado aspecto. Se no artigo "A vida das estátuas", empregou o conceito de "síntese artística" – definindo-o como o destaque, dado pelos artistas, aos caracteres mais relevantes dos fenômenos físicos ou sociais –, em "Antes dos versos", entendeu que o cientista experimentava a mesma impossibilidade de abranger a simultaneidade do que lhe apresentava o mundo natural, sendo obrigado, igualmente, a selecionar nele fatos mais salientes ou significativos e, assim, a repetir o *modus operandi* dos artistas.

A ideologia cientificista de Euclides da Cunha alcançou cores apoteóticas em "Antes dos versos". Viu a ciência, consorciada às manifestações artísticas, como produtora da civilização humana, atribuiu-lhe feições estéticas e poder de alterar os rumos da humanidade. Concluiu, finalmente, que, na época do predomínio do conhecimento objetivo sob o espírito humano, ampliavam-se vertiginosamente o "sonho" e as "artes".

Quatro anos antes, no artigo "A vida das estátuas", Euclides discutiu o tema do declínio das artes nas sociedades modeladas pelo

---

6 Ibid., p.489.
7 Ibid., p.484.

EUCLIDES DA CUNHA E A ESTÉTICA DO CIENTIFICISMO   **41**

progresso das ciências naturais. "Antes dos versos", por sua vez, reexaminou a questão, mas deu-lhe resposta diversa. A tese central do prefácio postulava haver crescimento proporcional entre ciência e arte – o aumento de uma implicaria o avanço simétrico de outra.

O tema do declínio das artes, porém, reapareceu no texto de 1908 de maneira inusitada. O assunto da morte da poesia era, segundo o autor, corrente em meio às castas de artistas ligados ao passado, ultrapassados pela evolução histórica e, portanto, incapacitados de viver no "período avantajado da existência humana".

O mundo em que viviam seria diverso daquele pelo qual teriam apreço e que almejariam reviver. Seriam "almas velhas" de épocas extintas; órfãos do desmoronamento das "verdades absolutas", não encontrando mais o conforto das explicações absolutas e deístas do universo, veriam o presente com "ceticismo", rimando sua amargura de "retardatários" em uma "língua morta".

Espécies de *revenants*, espectros do passado, seu comportamento revelaria a permanência espiritual de estigmas ancestrais, mantidos em seu organismo pela hereditariedade. Euclides apresentou os nomes dessa linhagem de "agitados", que incluía poetas franceses do século XIX, como Charles Baudelaire, Paul Verlaine e Stéphane Mallarmé.

Sob o império do progresso das ciências naturais, teria surgido um mundo novo nas dimensões política e moral. Rudyard Kipling e Friedrich Nietzsche seriam os arautos de uma época em que preponderariam, na ordem coletiva, os "povos mais ativos" e, do ponto de vista individual, o "homem forte".

Nas palavras de Euclides, para o melhor entendimento daquele estágio avançado da vida social bastava observar "o espetáculo da última fase revolucionária da poesia contemporânea, caracterizada pelo contraste entre a decadência dos que a falseiam e a expansão do sentimento estético da humanidade".[8]

O decadentismo seria um vagido impotente do passado. Euclides argumentava, mesmo que implicitamente, que, por meio da

---

8 Ibid., p.485.

análise literária, pode-se alcançar a compreensão de um momento histórico. O saudosismo de alguns artistas teria o condão de revelar o estágio elevado alcançado pela sociedade humana.

A segunda parte do prefácio exemplificava as teorias desenvolvidas anteriormente. Vicente de Carvalho, como antítese dos *revenants*, seria o poeta da contemporaneidade possante, caracterizada pelo "predomínio dos povos mais ativos" e dos "homens fortes".

Haveria uma diferença entre Castro Alves e Vicente de Carvalho. O primeiro teria irrompido com o renascimento de sua terra; o segundo – poeta decisivamente de uma época que de um espaço histórico-nacional –, com o período da preponderância cultural das verdades demonstradas e do esfumaçar das explicações teológicas e metafísicas do mundo.

Vicente de Carvalho não seria o artista da terra brasileira, mas da fase positiva da história. Homem de seu tempo, sua poética vibraria em harmonia com as leis da vida reveladas pela ciência.

Permanecia na argumentação euclidiana uma perspectiva claramente anti-individualista. Faltava-lhe, entretanto, exemplificar com os versos de *Poemas e canções* essas assertivas sobre o poeta. Fez, todavia, antes da ilustração, uma exploração preliminar da operação artística, dos procedimentos artísticos gerais.

Ainda que a expressão "síntese artística" não apareça explicitamente no prefácio, seu conceito foi aí fartamente empregado. Euclides utilizou os termos "redução graciosa" ou "síntese comovente" com o mesmo significado de "síntese artística". As artes permitiriam o fruir das belezas do mundo, as quais, infinitas, escapariam à capacidade humana de sua apreensão. Seriam um modo de atuação sobre a realidade fenomênica, profusamente encantadora e bela, mas tumultuária e excessiva quando comparada à limitação do poder da percepção humana.

As artes teriam, portanto, a função de ordenamento da multiplicidade e seriam, nesse sentido, uma espécie de ardil engenhado por seres sensíveis e sabedores, seduzidos pelo grande "número [...] de belezas infinitas que [lhes] tumultuam em torno".[9]

---

9 Ibid., p.486.

EUCLIDES DA CUNHA E A ESTÉTICA DO CIENTIFICISMO **43**

Como artifício, as artes empregariam a racionalidade adequada para a obtenção da finalidade subjetiva da fruição estética. A "subjetividade" no "verdadeiro poeta" estaria, equilibrada, cumprindo o programa expresso na conferência "Castro Alves e seu tempo" pelo conceito de mediana norteadora, "nem místicos nem empíricos".

A síntese artística ajustaria o mundo ao homem, resumindo "num objeto, em harmonioso sincretismo, os atributos encantadores da vida".[10] "Síntese comovente" e "redução graciosa" são expressões utilizadas por Euclides no prefácio do livro *Poemas e canções*.

O autor atribuiu, entretanto, a tal "síntese redutora" um significado paradoxalmente abrangente. A *redução* seria, em verdade, uma expansão, considerando seu caráter de *exemplaridade*:

> [...] quando o poeta escuta a grande voz do mar, "quebrada de onda em onda", fazendo à lua uma declaração de amor, que seria apenas um ridículo exagero panteísta, se não fosse um pouco desse infinito amor que chama gravitação universal [...].[11]

O artista sintetizaria, em um poema dedicado à mulher amada, o princípio da atração universal dos seres. Na celebração poética de um sentimento amoroso, pulsariam milhares de sentimentos amorosos: "O amor considera-o Vicente de Carvalho como ele é, positivamente: um caso particular da simpatia universal".[12]

Desse modo, a "redução" permitiria a convergência de aspectos do mundo com a "harmonia moral" do artista, mas seria somente um primeiro movimento que faria dele uma "miniatura" das leis da vida.

Uma vez capturado um aspecto do real, o mais conveniente para a realização da "síntese do maior número de belezas", o artista retornaria à amplitude fenomênica, fazendo seleções ou escolhas de

---

10 Ibid.
11 Ibid., p.489.
12 Ibid., p.486.

aspectos significativos da perfeição. Teria, então, a finalidade de tornar seus símbolos formosos, de "aformosear" a "redução graciosa", com "imagens" e "alegorias" que estariam no universo, que povoariam a "amplitude do mundo objetivo".[13]

Esse duplo movimento de captura de aspectos do real e de partida para a amplitude do mundo seria, naturalmente, estimulado pelo pensamento científico, que valorizaria a observação da natureza, uma vez que se extinguiram, historicamente, as explicações metafísicas e teológicas da realidade.

A "poesia moderna" "sentiria a atração da grande natureza" como jamais teria ocorrido na tradição poética de inspiração deísta ou religiosa. Segundo Euclides, uma "alma antiga [um bugre] não sentiria a atração da grande natureza, que domina a poesia moderna".[14]

O raciocínio euclidiano sobre as relações entre ciência e arte foi, entretanto, além desses argumentos. O pensamento científico teria revelado "a alma das coisas" naturais e, assim, engendrado a "poesia moderna". A ciência estendeu-se ao cotidiano das pessoas, racionalizando e ordenando a sua existência.

A racionalização matemática do espaço das cidades, por exemplo, refrataria como um cristal o progresso da civilização. A vida humana teria se tornado "rigorosa" e "prática", mas enfadonha. A racionalidade invasora teria feito da existência uma sensaboria aflitiva.

Euclides da Cunha, o arauto das benesses da ciência para a vida dos povos, parecia rever, criticamente, seus pontos de vista nessas considerações. Mas o argumento é apenas aparentemente contrário aos formulados anteriormente neste mesmo prefácio.

A rotinização das conquistas científicas incrementaria a arte moderna por meio da oposição dos artistas à vida previsível das cidades. O "rigorismo prático da vida" levaria a uma ruptura do homem sensível com o espaço de vida repetitivo e racionalizado por réguas e compassos.

---

13 Ibid., p.487.
14 Ibid.

EUCLIDES DA CUNHA E A ESTÉTICA DO CIENTIFICISMO **45**

Concluindo, a ciência engendraria a arte de duas maneiras distintas e complementares: demonstrando que no lugar da crença nas explicações simples e absolutas do mundo, fossem elas metafísicas ou teológicas, os homens, no estado positivo da sociedade, atentariam para a natureza com a curiosidade intensificada pela revelação científica de realidades não alcançadas pelos sentidos; e, além disso, reagindo artisticamente à normatização da vida pela invasão da prática científica na existência cotidiana.

Em suma, Euclides refletiu sobre as artes, procurando fixar e entender seus diversos liames com a ciência. As extensas citações de versos e estrofes do livro de Vicente de Carvalho visavam, justamente, a comprovar a solidariedade da visão interior do poeta com o mundo exterior.

Nos poemas sobre o mar, por exemplo, vibrariam emotivamente as leis da geologia dinâmica. As concepções topográficas de "movimentos do terreno", as concepções geológicas de "solo perturbado" ganhariam cores exaltadas na paleta do poeta. A entonação romântica de um poema diria, sem rebuços, "uma alta verdade da ciência", o nivelamento progressivo da terra pela ação erosiva e permanente do mar.

Postulando os conteúdos do saber científico como matéria da arte, o autor tendeu a considerar a especificidade artística de maneira quase formalista. Se conteúdos não diferenciariam ciência e arte, a distinção entre elas estaria na maneira como apresentavam as mesmas verdades, no caso da literatura em versos, nos procedimentos próprios à poética.

Euclides foi, pelo menos uma vez, coerente com essa visão formalista, quando reproduziu uma sentença científica de um livro didático, reconhecendo haver ali a natureza vibrátil e sinestésica da enunciação poética:

> [...] esta frase [*like a regiment overwhelmed by cavalary*],[15] que se desentranha da árida prosa de um livro didático, ressoa, refulge, canta.

---

15 [como um regimento oprimido pela cavalaria].

46 JOSÉ LEONARDO DO NASCIMENTO

É um verso. Prende o sonhador e o cientista diante da idealização tangível de um expressivo gesto da natureza.[16]

Notou, embora de passagem, que a escrita artística chamaria a atenção do leitor sobre si mesma, antecipando-se, de certa forma, à noção de "função poética", segundo a definição de Roman Jakobson:

> [A] ênfase na mensagem propriamente dita constitui a chamada função poética. [...] O tema próprio das pesquisas sobre poesia não é outro senão a linguagem, considerada do ponto de vista de sua função predominante: a ênfase na mensagem.[17]

Jakobson reitera o conceito de função poética em várias passagens do conjunto de sua obra:

> "O pendor para a mensagem como tal, o enfoque da mensagem por ela própria, eis a função *poética* da linguagem";[18] "[a poesia] é [...] uma província em que o nexo interno entre o som e significado se converte de latente em patente e se manifesta de forma mais palpável e intensa [...]";[19] "[...] a poeticidade manifesta-se [quando] a palavra é tomada como palavra e não como simples substituto do objeto nomeado nem como explosão de emoção [quando] as palavras e sua sintaxe, sua significação, sua forma externa e interna não são índices indiferentes da realidade, mas possuem seu próprio peso e seu próprio valor".[20]

O linguista reconhece haver alguma verdade na "concepção que Valéry tinha da poesia como 'hesitação entre o som e o sentido'"[21] e fornece um exemplo de "função poética" na mensagem de conteúdo

---

16 Ibid., p.489.

17 Jakobson, A linguagem comum dos linguistas e dos antropólogos. In: ____. *Linguística e comunicação*, 1970, p.20-1.

18 Ibid, p.127-8.

19 Ibid., p.153.

20 Jakobson, Qu'est-ce que la poésie. In: ____. *Questions de poétique*, 1973, p.124.

21 Idem, *Linguística e comunicação*, 1970, p.144.

político e militar enviada por Júlio César ao Senado romano: "*Veni, vidi, vici*". Segundo Jakobson, "[a] simetria dos três versos dissilábicos, com idêntica consoante inicial e idêntica vogal final, deu esplendor à lacônica mensagem de vitória de César".[22]

Entretanto, o mais significativo no pensamento euclidiano sobre arte foi a concepção de seu consórcio com a ciência, tendo a arte a virtude de acrescentar as formas do sentimento às verdades científicas e, assim, prepará-las para a divulgação e o reconhecimento social.

A ação política guiada pelo conhecimento da realidade dependeria das emoções estéticas para sua efetivação social. As formas racionais e eficazes das atividades humanas proviriam do entrelaçamento mutuamente complementar de ciência e arte. O conhecimento conjugado à arte teria, pois, desdobramentos éticos: "as emoções estéticas, tão essenciais a todas as transformações verdadeiramente políticas [...]".[23]

No pensamento euclidiano sobre ciência e arte haveria, portanto, um terceiro personagem: a ética. A tríade ciência, arte e ética constituiria uma espécie de núcleo do que, talvez, pudesse ser definido como a *perspectiva* cientificista das artes do euclidianismo.

Vicente de Carvalho era, na definição que fecha o prefácio, um "poeta naturalista", capaz de nobilitar aqueles tempos e o Brasil ("o grande poeta naturalista, que nobilita o meu tempo e a minha terra").[24]

---

22 Ibid.

23 Ibid., p.491.

24 Os parágrafos finais do prefácio não foram reproduzidos na *Obra completa* de 1995. A citação desta nota não pode, portanto, conter a indicação da página do livro, que foi, aqui, usado até esse momento. Na primeira edição de *Poemas e canções*, o período que falta está impresso na página XI do prefácio "Antes dos versos", escrito por Euclides: "[...] imagem, encantadora na sua belíssima simplicidade, que se emparelha com as mais radiosas engenhadas por toda a poesia humana. Quero cerrar com ela todos os conceitos vacilantemente expostos. Que outros definam o lírico gentilíssimo da "Rosa, rosa de amor", a inspiração piedosa e casta do "Pequenino morto", ou os sonetos, em que, tão antigos temas se remoçam. De mim, satisfaço-me com haver tentado definir o grande poeta naturalista, que nobilita o meu tempo e a minha terra" (Carvalho, *Poemas e canções*, 1908, p.XI).

O veredicto altamente favorável ao autor de *Poemas e canções* encerrava o argumento de que sua poética se fundamentava no conhecimento positivo e rigoroso da natureza. O enobrecimento da terra brasileira pelo poeta santista adviria da natureza de sua literatura, impregnada da cultura sem fronteiras, universalmente aplicável e socialmente aceita.

Considerações finais

As reflexões estéticas de Euclides da Cunha apresentam o mesmo rigor metodológico do conjunto de sua produção textual, voltado para a análise da história do Brasil. Expressões e objetos artísticos são vistos e analisados por meio de sua inserção no momento histórico em que foram produzidos. E nos títulos dos ensaios, como "Castro Alves e seu tempo", já transparece o rigor da reflexão.

Essa perspectiva metodológica foi denominada de "princípio geral da relatividade"[1] no "Discurso de recepção" na Academia Brasileira de Letras.

A noção de história, que orientava as análises euclidianas, era simultaneamente idealista e holística. Seus três ensaios sobre arte e estética foram atravessados e unificados pela concepção de que a coletividade predomina sobre o indivíduo na história da humanidade e a existência social é, sobretudo, determinada por ideias e sentimentos coletivos. As ideias moldariam a existência social dos indivíduos. Seu idealismo histórico proviria dos anos de formação cultural na sociedade brasileira do fim século XIX, impregnada pelo positivismo de inspiração comtiana.

---

1 Cunha, Discurso de recepção [Contrastes e confrontos]. In: Coutinho (Org.), *Obra completa*, 1995b, v.1, p.234.

50 JOSÉ LEONARDO DO NASCIMENTO

Seguindo o "princípio geral da relatividade", Euclides entendeu as manifestações artísticas, que analisou, como produtos de sentimentos dominantes, de tradições populares, de crenças religiosas, de explicações metafísicas e/ou científicas dos fenômenos físicos.

Engendrados por forças coletivas, os objetos de arte exprimiriam conhecimentos vigentes, assim como crenças e valores sociais, de períodos históricos determinados.

Deslocando a força criadora para fora da individualidade do artista, Euclides não conferiu relevo ou importância ao trabalho propriamente artístico, o saber de operação do artista.

A literatura de Castro Alves daria forma artística à locução sertaneja; a estátua de Anchieta estaria modelada na imaginação popular, bastando que alguém a moldasse, passivamente, no bronze ou na pedra; Vicente de Carvalho adornaria poeticamente as verdades demonstradas pelas ciências.

O trabalho artístico seria, do início ao fim, dirigido por uma espécie de dispositivo holístico. No entanto, a desclassificação euclidiana da atividade manual na produção artística, no primeiro decênio do século XX, estava em contradição com o reaparecimento da noção de arte como artesanato.

Segundo Giulio Carlo Argan, em 1905, o expressionismo plástico alemão entendia a arte como uma sorte de operação manual sobre a matéria resistente, valorizando, por isso mesmo, a xilogravura:

> [...] se a ação deve ser criativa, nem mesmo a imagem, seja ótica, seja mental, pode preexistir à ação: a imagem não é, ela se faz, e a ação que a faz comporta um modo de fazer, uma técnica. [...] A técnica não é nada de pessoal ou inventado, ela é trabalho. Sendo antes de tudo trabalho, a arte está ligada não à cultura especulativa ou intelectual das classes dirigentes, mas à cultura prático-operacional das classes trabalhadoras. [...] Assim se explica a importância predominante atribuída às artes gráficas, especialmente à xilogravura, mesmo em relação à pintura e à escultura: não se compreende a estrutura da imagem pictórica ou plástica dos expressionistas

EUCLIDES DA CUNHA E A ESTÉTICA DO CIENTIFICISMO **51**

alemães, a não ser que se procurem suas raízes nas gravuras em madeira. [...] Na xilogravura, a imagem é produzida escavando-se uma matéria sólida, que resiste à ação da mão e do ferro, a seguir espalhando-se tinta nas partes em relevo e, finalmente, prensando a matriz sobre o papel. A imagem conserva os traços dessas operações manuais, que implicam atos de violência sobre a matéria [...].[2]

Da mesma maneira, os cubistas procuravam abolir o virtuosismo do toque artístico sobre a tela, caracteristicamente clássico ou renascentista, adicionando areia na tinta, intentando, por esse meio, repetir os procedimentos dos pintores de parede:

A tinta, já não sendo um meio de representação, mas possuindo uma realidade objetual por si só, como essência do quadro, apresenta-se em sua qualidade material, não raro misturada com areia para que se torne mais sólida; e a tinta é espalhada no quadro como se aplica um reboco, eliminando qualquer virtuosismo do toque e qualquer brilho de superfície.[3]

A noção euclidiana que sustentava que a criação artística consistiria na corporificação de ideias e sentimentos coletivos desconsiderava o trabalho de execução, o processo de trabalho – este, muitas vezes, indeciso e tateante.

Além do mais, desconhecia a forte marca da individualidade artística no objeto criado. Harmonizava-se, entretanto, com teorias de arte de significativa importância do fim do século XIX e do decurso do século seguinte.

Na conferência sobre Castro Alves, Euclides da Cunha escreveu que as "fantasias, tão na aparência subjetivas, de um poeta"[4] refletiam, de fato, as transformações históricas. O objeto artístico seria, pois, irredutível às intenções conscientes ou subjetivas dos artistas,

---

2 Argan, *Arte moderna*, 1992, p.238.

3 Ibid., p.305.

4 Cunha, Castro Alves e seu tempo [Outros contrastes e confrontos]. In: Coutinho (Org.), *Obra completa*, 1995a, v.1, p.473.

52 JOSÉ LEONARDO DO NASCIMENTO

ponto de vista comum a trabalhos de diversas inspirações filosóficas dedicados à reflexão artística.

O psicanalista Carl Jung escreveu, a esse respeito, que

[a] causalidade pessoal tem tanto ou tão pouco a ver com a obra de arte quanto o solo tem a ver com a planta que dela brota. [...] A insistência no pessoal, surgida da pergunta sobre a causalidade pessoal, é totalmente inadequada em relação à obra de arte, já que ela não é um ser humano, mas algo suprapessoal. [...] A verdadeira obra de arte tem inclusive um sentido especial no fato de poder se libertar das estratégias e dificuldades insuperáveis de tudo o que seja pessoal, elevando-se para além do efêmero do apenas pessoal.[5]

De acordo com as noções euclidianas, as esculturas do jesuíta José de Anchieta ou do Marechal Ney exprimiriam a lenta gestação histórica de suas imagens no espírito das gerações populares. Logo, suas feições, como objetos de arte, teriam o timbre do momento histórico.

A concepção das artes como filhas do momento histórico caracterizou grande parte da cultura do século XIX. Karl Marx, no *Dezoito Brumário de Luís Bonaparte*, referindo-se à imitação de personagens históricos do passado pelos líderes das revoluções burguesas, aludindo a uma passagem do Novo Testamento, sentenciou "[deixemos] que os mortos enterrem seus mortos".

Sustentou que novos tempos exigiriam novos comportamentos e novas expressões culturais e que, portanto, o retorno ao passado clássico seria anacrônico na era das revoluções socialistas:

a revolução social do século XIX não pode tirar sua poesia do passado, mas do futuro. Não pode iniciar sua tarefa enquanto não se despojar de toda veneração supersticiosa do passado. As revoluções anteriores tiveram que lançar mão de recordações da história antiga

---

5 Jung, *O espírito na arte e na ciência*, 1991, p.60. Ainda de acordo com esse ponto de vista, "[...] a convicção de um poeta de estar criando com liberdade absoluta seria uma ilusão de seu consciente: ele acredita estar nadando, mas na realidade está sendo levado por uma corrente invisível" (Ibid., p.63).

EUCLIDES DA CUNHA E A ESTÉTICA DO CIENTIFICISMO 53

para se iludirem quanto ao próprio conteúdo. [...] Antes a frase ia além do conteúdo; agora é o conteúdo que vai além da frase.[6]

No manuscrito "Para a crítica da economia política", de 1857, voltou a formular a questão da pertinência ou não da imitação do clássico na contemporaneidade, referindo-se, dessa vez, às formas artísticas e não às revoluções políticas:

> [Tomemos] a relação com o nosso tempo [...] da arte grega. [...] Sabe-se que a mitologia grega não foi somente o arsenal da arte grega, mas também a terra (em que se desenvolveu). A intuição da natureza e as relações sociais que a imaginação grega inspira e constitui por isso mesmo o fundamento da (mitologia) grega, serão compatíveis com as *selfactors* (máquinas automáticas de fiar), as estradas de ferro, as locomotivas e o telégrafo elétrico? Quem é Vulcano ao lado de Roberts E Cia, Júpiter em comparação com o para-raios e Hermes face ao *Crédit Mobilier*? Toda mitologia supera, governa e modela as forças da natureza na imaginação e pela imaginação, portanto, desaparece quando estas forças são dominadas efetivamente. O que seria da Fama ao lado de *Printing House Square* (praça em Londres onde se encontra a sede do *Times*)?[7]

Euclides da Cunha trilhou esse mesmo caminho quando concluiu que os excessos poéticos de Castro Alves eram anacrônicos em uma realidade de domínio e aproveitamento racional das energias da natureza pela humanidade.

---

6 Marx, *O Dezoito Brumário de Luís Bonaparte*, 1977, p.205.
7 Marx, Para a crítica da economia política. In: ____. *Manuscritos econômico-filosóficos e outros textos escolhidos*, 1978, p.124. Esses pontos de vista parecem dialogar com o debate cultural da época sobre o neoclassicismo, com a questão da imitação dos modelos clássicos. Marx entendia que o "estágio de desenvolvimento" social de sua época excluía a "relação mitológica com a natureza" e exigia, portanto, novos procedimentos artísticos. "Aquiles será compatível com a pólvora e o chumbo? Ou, em resumo, a *Ilíada* com a imprensa, ou melhor, com a máquina de imprimir. O canto, as lendas épicas, a musa, não desaparecerão necessariamente com a barra do tipógrafo? Não terão deixado de existir as condições necessárias à poesia épica?" (Ibid., p.124-5).

54 JOSÉ LEONARDO DO NASCIMENTO

Baseados no mesmo princípio metodológico, aquele que articula o florescimento artístico ao desenvolvimento geral da sociedade, Marx e Euclides concluíram, respectivamente, que os poemas épicos e os versos do romântico brasileiro foram ultrapassados pelo dinamismo histórico.

Curioso é que, baseados em premissas metodológicas semelhantes, defrontaram com um mesmo enigma: o de explicar a razão da sobrevivência daquelas expressões artísticas, vinculadas a formações sociais passadas, em um mundo por eles enaltecido como científico e industrialmente triunfante.

Marx formulou claramente o conteúdo desse enigma:

> [...] a dificuldade não está em compreender que a arte grega e a epopeia estão ligadas a certas formas de desenvolvimento social. A dificuldade reside no fato de nos proporcionarem ainda um prazer estético e de terem ainda para nós, em certos aspectos, o valor de normas e de modelos inacessíveis.[8]

O método histórico e as concepções da transformação histórica de Marx e Euclides incidiram em uma aporia filosófica, em um impasse analítico, solucionados por eles de maneira distinta. Euclides procurou resolver o enigma, utilizando a noção de geração. As novas gerações seriam tão idealistas e pré-científicas quanto Castro Alves.

Marx deu uma resposta ainda mais radical que a de Euclides – em vez de falar de mocidade, referia-se à Grécia antiga como a infância da humanidade e aos encantos que as primícias da existência exerceriam sobre os devaneios e a imaginação dos adultos:

> Um homem não pode voltar a ser criança sem cair na puerilidade. Mas não acha prazer na inocência da criança e, tendo alcançado um nível superior, não deve aspirar ele próprio a reproduzir sua verdade? Em todas as épocas, seu próprio caráter não revive na verdade da natureza infantil? Por que então a infância histórica

---

8 Ibid., p.125.

EUCLIDES DA CUNHA E A ESTÉTICA DO CIENTIFICISMO **55**

da humanidade, precisamente naquilo em que atingiu seu mais belo florescimento, por que esta etapa para sempre perdida não há de exercer um eterno encanto? [...] Crianças normais foram os gregos. O encanto que a sua arte exerce sobre nós não está em contradição com o caráter primitivo da sociedade em que ela se desenvolveu. Pelo contrário, está indissoluvelmente ligado ao fato de as condições sociais insuficientemente maduras em que esta arte nasceu, e somente sob as quais poderia nascer, não poderão retornar jamais.[9]

O enigma do encanto exemplar das artes clássicas na sociedade capitalista de intenso desenvolvimento das forças produtivas foi retomado e repensado por Georg Lukács, esteta e discípulo de Marx. No ensaio "Raconter ou décrire?" [Narrar ou descrever?], Lukács retomou e citou o parágrafo da "Crítica da economia política" em que Marx formulava o enigma do prazer artístico fornecido pela arte grega e a epopeia aos homens dos novos tempos, das formas sociais mais avançadas e desenvolvidas.

A resposta de Lukács ao enigma foi mais complexa e, por conseguinte, mais intrigante que a de Marx. Em seu entender, é na ação que um homem se torna interessante para outro homem. Há algo que permanece nas relações humanas independentemente das transformações históricas e sociais:

As palavras dos homens, seus pensamentos e sentimentos puramente subjetivos somente revelam sua verdade ou sua falsidade, sua autenticidade ou sua hipocrisia, sua grandeza ou sua estreiteza, quando são transportados para a prática, quando são colocados à prova nas ações e nas atitudes dos homens em face da realidade. Somente a prática humana pode testemunhar concretamente sobre a essência dos homens.[10]

Lukács reconhecia haver nas formas poéticas do passado, na "poesia primitiva", um núcleo vivo e humano na

---

9 Ibid.
10 Lukács, Raconter ou décrire? In: ___. *Problèmes du réalisme*, 1975, p.143.

56 JOSÉ LEONARDO DO NASCIMENTO

figuração [...] do fato fundamental da confirmação ou do fracasso das intenções humanas [na prática]. Como Ulisses ou Gil Blas, Moll Flandres ou Dom Quixote reagem aos grandes acontecimentos de sua existência, como afrontam os perigos, superam os obstáculos, como os traços de caráter que lhes conferem interesse e importância aos nossos olhos se desdobram na prática com amplidão e profundidade [...].[11]

Assim, percebe-se que Euclides da Cunha não foi o único a aplicar com rigor o "princípio geral da relatividade" na análise estética e a enfrentar, como desdobramento de sua aplicação, uma espécie de aporia que consistia na explicação da sobrevivência do objeto artístico, gerado por formas sociais passadas, na longa duração histórica. Não foi, também, o único a utilizar o método "da relatividade" na leitura e interpretação da poesia de Castro Alves.

Rui Barbosa escreveu que Castro Alves "encarnou artisticamente em seus cantos o grande pensamento de sua época".[12] Joaquim Nabuco, depois de criticar o emprego ilimitado da *hipérbole* na poesia do poeta baiano, enalteceu a ligação histórica de sua literatura com o abolicionismo da época:

> [...] seu maior título é o de ter posto seu talento ao serviço da causa da emancipação da liberdade e da pátria. As suas mais felizes ideias, seus versos mais melodiosos foram-lhe inspirados pela sorte dos cativos.[13]

De fato, há nas histórias da literatura brasileira, mesmo as recentemente publicadas, uma perspectiva analítica reiterada que justifica o traço retórico da poesia de Castro Alves, considerando o momento da história do Brasil em que o poeta viveu.

---

11 Ibid.

12 Barbosa, Elogio de Castro Alves. In: *Castro Alves – Apologia e crítica de José de Alencar, Machado de Assis e outros*, 1921, p.77.

13 Nabuco, Castro Alves. In: *Castro Alves – Apologia e crítica de José de Alencar, Machado de Assis e outros*. 1921, p.42.

EUCLIDES DA CUNHA E A ESTÉTICA DO CIENTIFICISMO   57

O emprego do método de relativização histórica dos fatos culturais pressupõe um descompasso entre o momento histórico do analista e o do objeto analisado. Euclides sustentou que entre a sua época e a de Castro Alves mediavam os quarentas anos mais decisivos da história do país.

Na conferência "Castro Alves e seu tempo", aludiu aos "olhos modernos", aos "estímulos modernos" como apanágios do momento em que vivia, enquanto em "Antes dos versos" definiu a poesia de sua época como "moderna". A modernidade entrava, em sua argumentação, como adjetivo.

Do mesmo modo, Luiz Gonzaga Duque Estrada, autor da primeira e sistemática história das artes plásticas no Brasil, *A arte brasileira* (1888),[14] tachava a Academia de Belas Artes do Rio de Janeiro como passadista e contrária à pintura moderna.

O moderno, como substantivo, ainda não fizera sua entrada na cultura brasileira, fato que ocorrerá com o capítulo "O Modernismo" da *História da Literatura Brasileira*, de José Veríssimo, publicada em 1916.

A crítica de arte no Brasil, praticada no fim do século XIX e nos primeiros decênios do seguinte, oscilava entre duas teses complementares e opostas. Predominava uma tensão entre dois pontos de vista sobre a arte que os críticos requeriam para o Brasil: moderna ou nacional.

Duque Estrada vagava entre essas duas expressões artísticas, ora pregando a modernidade, o antiacademismo, ora o nacionalismo cultural. Monteiro Lobato, escrevendo pouco mais tarde, defendia uma arte nacional.

Grande parte da crítica de Machado de Assis ignorava ou relativizava o argumento nacionalista no julgamento literário. No ensaio "Instinto de nacionalidade", escreveu que não havia um Sete de Setembro para a independência do "pensamento nacional".[15]

---

14 Duque Estrada, *A arte brasileira*, 1991.

15 "Interrogando a vida brasileira e a natureza americana, prosadores e poetas acharão ali farto manancial de inspiração e irão dando fisionomia própria ao pensamento nacional. Esta outra independência não tem Sete de Setembro

58   JOSÉ LEONARDO DO NASCIMENTO

Euclides da Cunha não defendeu, ao que parece, nenhum *parti pris* nacionalista em suas considerações sobre arte. A arte moderna estaria associada a formas de expressão consentâneas às verdades científicas. O criador não poderia desconhecer ou transgredir as verdades demonstradas pela pesquisa rigorosa.

Duque Estrada utilizou largamente o critério da cientificidade na análise da pintura brasileira do período. Entendeu que alguns quadros de Pedro Américo, como *Joana d'Arc*, não seguiam aquele princípio norteador:

> Joana d'Arc não é um tipo bíblico, não é uma ficção do Antigo Testamento, é uma verdade no domínio da história. [...] Colaboraram na sua extraordinária impressionabilidade nervosa, talvez, fortes influências hereditárias e rudes influências mesológicas, resultando perturbações patológicas que a levaram ao fanatismo. Mas, para Pedro Américo, pintor histórico do século dezenove, a donzela de Domrémy é um tipo da *história sagrada*, na qual, disse ele, só encontraria fonte capaz de abrandar a sede da sua imaginação![16]

Além disso, Duque Estrada definia a modernidade como um ajustamento do conteúdo artístico aos temas da vida contemporânea. A arte moderna romperia com as "grandes telas históricas, os assuntos militares, os bíblicos, as alegorias" que pertenceriam "ao muro dos templos [e] dos aquartelamentos". A arte moderna representaria "os assuntos" capazes de comover, segundo ele, "os homens de hoje".[17]

Como exemplo de arte moderna, citou o óleo sobre tela *Arrufos* (1887), de Belmiro de Almeida, sustentando que o pintor possuía "muita sensibilidade de vista e muita destreza de punho, qualida-

---

nem campo de Ipiranga; não se fará num dia, mas pausadamente, para sair mais duradoura; não será obra de uma geração nem duas; muitas trabalharão para ela até perfazê-la de todo." (Machado de Assis, *Obra completa*, 1994, v.III, p.801). Esse ensaio foi publicado pela primeira vez em 1873.

16 Duque Estrada, op. cit., p.163-5.

17 Ibid., p.213.

EUCLIDES DA CUNHA E A ESTÉTICA DO CIENTIFICISMO **59**

des estas que se acham reunidas a uma feliz compreensão do seu tempo e do destino da pintura moderna."[18]

Já para Euclides da Cunha, a poesia moderna era aquela que unia ciência e arte. Ele hauria essa visão do consórcio dessas duas expressões do espírito humano de um tema muito em voga em sua época, com largo curso no fim do século XIX, particularmente nas artes plásticas com o neoimpressionismo.[19]

Muitos artistas e críticos não podiam imaginar as formas artísticas alheias às aquisições científicas do século. Sob o império histórico dos conhecimentos positivos, o princípio metodológico da relatividade situava o artista diante da vasta legislação científica.

Requeria-se mais uma vez a homologia do eu artístico com o mundo desvelado pela ciência. O procedimento artístico visava, no entender de artistas e críticos daquele período, a cumprir o desiderato dessa harmonia do eu com o mundo e com as forças sociais coletivas. Haveria um mecanismo no qual esse vínculo estreito se processaria, e Euclides denominou-o de "síntese artística".

As formas artísticas teriam, desde sempre, essa essência sintética, que tornar-se-ia sobremodo útil e necessária no estágio científico e positivo da história, quando o mundo natural e humano não poderia mais ser explicado pelas poucas palavras das sentenças teológicas ou metafísicas.

As manifestações artísticas cresceriam em importância proporcionalmente à expansão e multiplicação dos saberes humanos. O estágio positivo, alcançado pelos povos civilizados, seria caracterizado pelo florescimento científico e artístico do espírito humano. A "síntese artística" permitiria, ainda, que a arte exercesse uma função ativa na vida dos homens. A reflexão euclidiana, nesse mo-

---

18 Ibid., p.215.
19 Segundo Giulio Carlo Argan, "o neoimpressionismo foi um dos grandes componentes do vasto movimento *modernista* que, na virada do século, tentou resgatar a pintura das condições de inferioridade e de não atualidade em que se encontrava, devido ao desenvolvimento contemporâneo das tecnologias científicas da indústria, e sobretudo da fotografia". Sobre a oposição do neoimpressionismo ao simbolismo, o autor escreveu: "A intenção rigorosamente científica se contrapõe, numa antítese explícita, ao espiritualismo igualmente absoluto dos simbolistas" (Argan, op. cit., p.82).

60 JOSÉ LEONARDO DO NASCIMENTO

mento, resvalava em questões que acompanhavam a filosofia da arte desde o pensamento clássico.

Discutindo o vínculo da arte com o conhecimento, Euclides voltava a uma questão muito própria da reflexão de Platão sobre "os seres de imitação". Platão entendia a ética[20] como um resultado ou desdobramento do conhecimento; a ação humana, correta e eficaz, seria dirigida, exclusivamente, pela "alma racional".

No Livro X de *A república*, argumentou que os espetáculos trágicos eram viciosos e perniciosos aos cidadãos porque fortaleciam a "alma irracional":

> E quanto ao amor, à ira e a todas as paixões penosas ou aprazíveis da alma, que afirmamos acompanhar todas as nossas ações, não produz em nós os mesmos efeitos a imitação poética? Porquanto os rega para os fortalecer, quando devia secá-los, e os erige nossos soberanos, quando deviam obedecer, a fim de nos tornarmos melhores e mais felizes em vez de piores e mais desgraçados.[21]

Os trabalhos de estética de Euclides da Cunha refletiram sobre temas antigos e atuais, como o da relação da arte com o conhecimento e com a conduta humana, insistindo na impossibilidade de o conhecimento promover a atividade humana *per se*, desacompanhado das formas de sensibilização artísticas.

Esse argumento euclidiano tem feições aristotélicas e antiplatônicas. A concepção ética de Aristóteles sustentava que o entendimento era incapaz de mover a atividade humana e colocava em cena – entre a razão e a ação – outros atores, como a paixão e o desejo:

> Se estes assuntos, assim como a virtude e também a amizade e o prazer, foram suficientemente discutidos em linhas gerais, de-

---

20 Ética: "[...] ciência não apenas descritiva, mas, também, normativa, que procura estabelecer de maneira absoluta ou categórica as regras mais fundamentais da conduta humana". Thines; Lempereur, *Diccionnaire générale des sciences humaines*, 1975.

21 Platão, *A república*, 1993, p.474.

vemos dar por terminado nosso programa? Sem dúvida, como se costuma dizer, onde há coisas que realizar não alcançamos o fim depois de examinar e reconhecer cada uma delas, mas é preciso fazê-las. No tocante à virtude, pois, não basta saber, devemos tentar possuí-la e usá-la ou experimentar qualquer outro meio que se nos antepare de nos tornarmos bons.[22]

A reflexão euclidiana ostentava, em certa medida, um conteúdo aristotélico e assim procurava responder a uma questão recorrente postulada pela história do pensamento filosófico ocidental.

Poderia, também, estar na origem de uma revolução estética significativa do século XX, caso sua observação sobre a frase científica *"like a regiment overwhelmed by cavalary"*, que cantava em harmônicos a natureza, não se limitasse a uma curta sentença sem desdobramento nem aplicação na exegese artística.

Euclides tangenciou noções formalistas sobre as artes. Seu argumento capital, que a ciência e a arte explicariam e exprimiriam os mesmos fenômenos naturais, levaria, talvez, à conclusão de que as diferenças entre elas seriam da ordem da forma e não do conteúdo.

Entrevistas, por meio da concepção de uma função artística que se libertaria ou se autonomizaria do referente externo, as poéticas de Baudelaire, Mallarmé e Verlaine poderiam ser, justamente ao contrário do veredicto euclidiano, revalorizadas e enaltecidas.

No conjunto dos textos de Euclides da Cunha dedicados à reflexão estética predomina o ponto de vista de que a chave para o entendimento do objeto artístico estaria fora dele, nos sentimentos e nas ideias particulares aos meios sociais que o engendraram e determinaram.

O saber de operação do artista sobre a matéria plástica, o trabalho de ateliê, é tido como pouco relevante diante da noção de que o ato de criação transcenderia a individualidade artística. Euclides desconhecia o lócus da confecção artística nas oficinas dos profissionais das artes e, portanto, a operação propriamente técnica da construção de realidades artísticas.

---

22 Aristóteles, *Ética a Nicômaco*, 1973, p.432.

Duque Estrada conseguiu conciliar uma perspectiva estética tributária das grandes explicações filosóficas e históricas, como a de Euclides, com uma atenção dirigida para os bastidores da arte pictórica – os ateliês –, para a consecução técnica ou para os procedimentos específicos das linguagens artísticas.

Há passagens no livro *A arte brasileira* em que o autor ressalta os procedimentos particulares da linguagem pictórica, como "[o] pincel lambeu o quadro, lentamente, paulatinamente, da esquerda para a direita, de baixo para cima. A tonalidade é severa, as sombras são extensas, largas".[23]

Observa, a propósito de um quadro de paisagem, que o

> verde-azulado, talvez azul da Prússia e um pouco de ocre [...] predomina em todas as folhas; a luz, cujo foco não é precisado, uniformiza todos os tons, confunde o valor e as complementárias, obscurece os efeitos do claro escuro.[24]

Assim, o crítico frequentador de ateliês estaria tanto mais atento à fatura artística quanto mais considerasse que o segredo de entendimento das obras estaria nelas próprias e que este seria fornecido por elas mesmas.

No debate sobre o romance *O primo Basílio*, de Eça de Queirós, travado no Brasil por meio da imprensa no ano de sua primeira edição (1878), a crítica de Machado de Assis tinha uma particularidade que a distinguia das demais.

Enquanto a maioria dos debatedores defendia o livro, argumentando que ele fotografava com precisão a sociedade lisboeta da época, Machado identificava nele um erro de fabricação – o qual seria de natureza artística ou literária – na construção ficcional da personagem de Luísa, esposa de Jorge e amante de Basílio.

Machado de Assis atentava para a linguagem específica da arte literária e, como Duque Estrada, atribuía autonomia ao procedi-

---

23 Duque Estrada, op. cit, p.119.
24 Ibid., p.100.

EUCLIDES DA CUNHA E A ESTÉTICA DO CIENTIFICISMO 63

mento artístico, comparativamente ao conteúdo que exprimia, e valor ao *modus operandi* do artista.

Os textos euclidianos desconsideraram essa produção artística de oficina, inseriram cada expressão artística em um universo maior, que a determinava, explicava e transcendia.

Essa maneira de compreender as manifestações artísticas foi, de fato, essencial para que Euclides da Cunha pudesse atribuir à arte um papel ativo nas modificações políticas e sociais.

O conhecimento científico necessitaria das formas de sensibilização artísticas para se transformar em força social de modificação do mundo e da história. Ciência, arte e ética constituíam, no pensamento euclidiano, uma espécie de tríade indissolúvel.

Haveria, talvez, uma estética euclidiana que enaltecia a função política e socialmente comprometida das artes. A reflexão euclidiana sobre as artes reproduzia, dessa maneira, o traço mais característico do pensamento de Euclides da Cunha, o engajamento político, o compromisso com o entendimento e a solução das questões sociais.

De outro lado, a análise euclidiana, mesmo considerando obras de arte específicas e particulares, situava-se em um patamar de grande generalidade, de que são exemplos os conceitos de "síntese artística" e de "mediana norteadora", elaborados, pelo autor, e essenciais para o entendimento de seus argumentos. O que parecia captar a atenção do escritor não era tanto a crítica da arte, mas a natureza do fenômeno artístico como um todo, que ganharia feições e cores particulares nos diversos estágios da evolução social.

Atento ao mais elevado grau de generalidade artística, Euclides escreveu, em vez de textos de crítica das artes, trabalhos de filosofia da arte ou de estética.

Apêndices

Apêndice A

"A vida das estátuas" foi originalmente publicado em 21 de julho de 1904, no jornal carioca *O País*. Euclides da Cunha colaborou, ao longo de sua produção cultural, com jornais do Rio de Janeiro e de São Paulo. Em janeiro de 1889, depois de ser expulso da Escola Militar por ato de rebeldia republicana, escreveu alguns artigos para o jornal *A Província de São Paulo*. De março a julho de 1892, colaborou regularmente com o mesmo jornal renomeado como *O Estado de S. Paulo*, assinando a coluna "Dia a Dia". O ciclo de trabalhos dedicados ao tema dos sertões iniciou-se com dois artigos no *Estado de S. Paulo*, de 14 de março e 17 de julho de 1897, intitulados de "A Nossa Vendeia" e prosseguiu com os despachos jornalísticos que Euclides, correspondente na frente de batalha de Canudos, enviava ao jornal. Seu trabalho jornalístico foi particularmente intenso no ano de 1904, após sua demissão do cargo de engenheiro fiscal da Comissão de Saneamento de Santos, quando publicou, de maio a agosto, oito artigos em *O Estado de S. Paulo* e cinco em *O País*. Os ensaios aludiam a acontecimentos do momento, como a questão derivada da incorporação do Acre pelo Brasil por meio do Tratado de Petrópolis com a Bolívia e que contou com a oposição do Peru e da Argentina. Alguns artigos referiam-se à questão do imperialismo, da dominação de territórios do mundo pelas *nações progressivas*, definida por Euclides da Cunha como "imperialismo hodierno".[1] Esses novos temas tratados pelo autor de *Os sertões* resultavam de sua aproximação com o ministério das Relações Exteriores, dirigido pelo barão do Rio Branco. Além de colaborador assíduo na grande imprensa do Rio de Janeiro e de São Paulo, Euclides da Cunha foi um epistológrafo contumaz. Suas cartas contêm informações sobre sua produção textual e sua vida pessoal e profissional. Em uma carta ao cunhado Otaviano da Costa Vieira, advogado e magistrado na cidade paulista de São Carlos, ele sustentou que os "artigos escritos para o jornal [têm] a vantagem de corrigir-me as finanças".[2] Os artigos de 1904, incluindo "A vida das estátuas", foram reunidos na coletânea *Contrastes e confrontos*, cujas duas primeiras edições saíram em 1907, publicadas pela editora Empresa Literária e Tipográfica, com sede na cidade portuguesa do Porto.[3]

Para o preenchimento das notas situadas ao pé das páginas dos três artigos ou ensaios de Euclides da Cunha aqui publicados, foi consultada a seguinte bibliografia: *Larousse du XX siècle en six volumes*. Paul Auge (org.). Paris: Librairie Larousse, 1928-1933; *Encyclopedia e dicionário internacional*. 20v. 2.ed. Rio de Janeiro, Nova York: W. M. Jackson, Inc. Editores, 1936; *Le Pétit Robert 2 – Diccionnaire universel des noms propes*. Alain Rey (Org.). Paris: Diccionnaires Le Robert, 1990; *Enciclopédia de literatura brasileira*. A. Coutinho e J. Galante de Souza (Orgs.). 2v. Rio de

---

1 Alguns ensaios de *Contrastes e confrontos*, como "Plano de uma cruzada", "Temores vãos", "Nativismo provisório", discutem a questão do imperialismo das grandes potências industrializadas da época.

2 Galvão; Galotti (Orgs.), *Correspondência de Euclides da Cunha*, 1997, p.331.

3 Em uma carta endereçada a Francisco Escobar, datada de 31 de dezembro de 1906, Euclides informava sobre a publicação de *Contrastes e confrontos*: "Um editor português (com a mania do suicídio) reuniu uns vinte artigos meus, pespegou-lhe o título *Contrastes e confrontos*, pediu um prefácio ao Bruno – o fantástico Pereira de Sampaio – e arranjou um livro que dentro de 15 dias aqui chegará. Não será bem um livro – mas agradeço ao Joaquim Leitão (o tal descabeçado) o pensamento. Tais artigos são uma espécie de filhos naturais do espírito, mais descuidados, talvez, porém às vezes mais dignos do nosso amor. Hei de mandar-te um exemplar" (Galvão; Galotti (Orgs.), op. cit. p.322).

Janeiro: FAE, 1989; Alfredo Valadão. *Vultos nacionais.* 2.ed. Rio de Janeiro: Livraria Freitas Bastos, 1974.

A vida das estátuas

O artista de hoje é um vulgarizador das conquistas da inteligência e do sentimento. Extinguiu-se-lhe com a decadência das crenças religiosas a maior de suas fontes inspiradoras. Aparece num tempo em que as realidades demonstráveis dia a dia se avolumam, à medida em que se desfazem todas as aparências enganadoras, todas as quimeras e miragens das velhas e novas teogonias, de onde a inspiração lhe rompia, libérrima, a se desafogar num majestoso simbolismo. Resta-lhe, para não desaparecer, uma missão difícil: descobrir, sobre as relações positivas cada vez mais numerosas, outras relações mais altas em que as verdades desvendadas pela análise objetiva se concentrem, subjetivamente, numa impressão dominante. Aos fatos capazes das definições científicas,[4] ele tem de superpor a imagem e as sensações, e este impressionismo que não se define ou que palidamente se define "como uma nova relação, passiva de bem-estar moral, levando-nos a identificar a nossa sinergia própria com a harmonia natural".[5]

É a "verdade extensa", de Diderot,[6] ou o véu diáfano da fantasia, de Eça de Queirós,[7] distendido sobre todas as verdades sem as

---

4 Sem vírgula no original.

5 Não foi possível precisar a origem desta citação.

6 Denis Diderot nasceu em Langres, na França, em 1713, e morreu em Paris, em 1784. Publicou muitos trabalhos sobre estética e arte, como *Da poesia dramática* e *Pesquisas filosóficas sobre a origem e a natureza do belo*.

7 "Sobre a nudez forte da verdade – O manto diáfano da fantasia" é uma espécie de subtítulo que Eça de Queirós acrescentou ao livro *A relíquia*. O romance começou a ser publicado como folhetim no jornal *Gazeta de Notícias*, do Rio de Janeiro, em 24 de abril de 1887. Ainda em curso de publicação no jornal, os editores da Livraria Chardron, descumprindo um acordo feito com o autor e com a *Gazeta*, lançaram o livro no mercado. A concepção de Eça sobre a "verdade" e a "fantasia" está gravada no conjunto escultórico em mármore, feito em homenagem a Eça, inaugurado e instalado no Largo do Quintela em Lisboa, em 1903.

encobrir e sem as deformar, mas aformoseando-as e retificando-as, como a melodia musical se expande sobre as secas progressões harmônicas da acústica e o arremessado maravilhoso das ogivas irrompe das linhas geométricas e das forças friamente calculadas da mecânica.

Daí as dificuldades crescentes para o artista moderno em ampliar e transmitir ou reproduzir a sua emoção pessoal. Entre ele e o espectador ou o leitor estão os elos intangíveis de uma série cada vez maior de noções comuns – o *perpetuum mobile* dessa vasta legislação que resume tudo o que se agita e vive e brilha e conta na existência universal. Diminui-se-lhe a primitiva originalidade. Vinculado cada vez mais ao meio, este lhe impõe a passividade de um prisma: refrata os brilhos de um aspecto da natureza ou da sociedade, ampliando-os apenas e mal emprestando-lhe os cambiantes de um temperamento. Já lhe não é indiferente, nestes dias, a ideia ou o assunto que tenha de concretizar no mármore ou no livro.

O seu trabalho é a homogenia da sua afetividade e da consciência coletiva. E a sua personalidade pode imprimir-se fundamente num assunto, mas lá permanecerá inútil se destoar das ideias gerais e dos sentimentos da sua época...

***

Tomemos um exemplo.

Há uma estátua do Marechal Ney, em que se tem partido todos os dentes da crítica acadêmica e reportada.[8]

---

8 A "Estátua do Marechal Ney" foi esculpida por François Rude entre 1852 e 1853. Rude nasceu em Dijon, em 1784, e morreu em Paris, em 1855. Exilado em Bruxelas, durante o retorno da dinastia Bourbon ao governo francês (1814-30), executou, em 1826, um busto do pintor neoclássico Jacques-Louis David. Encarregado, mais tarde, da decoração de um dos pés-direitos do Arco do Triunfo, em Paris, retratou o tema da "Partida dos Voluntários", conhecida como "A Marselhesa" (1835-36). A homenagem a um oficial do antigo exército bonapartista, o Marechal Ney, foi esculpida em um período no qual a dinastia Bonaparte voltava a governar a França com Napoleão III (1852-70). Ney foi fuzilado, sob o governo dos Bourbons, em 1815.

Dos múltiplos aspectos da vida dramática e tormentosa do valente, o escultor escolheu o mais fugitivo e revolto: o final de uma carga vitoriosa. O general, cujo tronco se apruma num desgarre atrevido, mal equilibrado numa das pernas, enquanto a outra se alevanta em salto impetuoso, aparece no mais completo desmancho, a farda desabotoada, e a atitude arremetente num arranco terrível, que se denuncia menos na espada rijamente brandida que na face contorcida, onde os olhos se delatam exageradamente e exageradissimamente a boca se abre num grito de triunfo.

É um instantâneo prodigioso. Uma vida que se funde no relance de um delírio e num bloco de metal. Um arremesso que se paralisa na imobilidade da matéria, mas para a animar, para a transfigurar e para a idealizar na ilusão extraordinária de uma vida subjetiva e eterna perpetuamente a renascer das emoções e do entusiasmo admirativo dos que a contemplam.

Mas para muitos são perfeitamente ridículos aquela boca aberta e muda, aquele traço e aquela perna no ar. Em um quadro, sim, conclamam, à frente de um regimento, aquela atitude seria admirável. Ali, não; não se compreende aquela nevrose, aquela violência, aquela epilepsia heroica no isolamento de um pedestal.

Entretanto, o que a miopia da crítica até hoje ainda não distinguiu, adivinhou-o sempre a alma francesa; e o legitimista, o orleanista, o bonapartista e o republicano divergentes ali se irmanam, enleados pelos mesmos sentimentos, escutando a ressoar para sempre naquela boca metálica o brado triunfal que rolou dos Pirineus à Rússia, e vendo na imprimadura transparente e clara daqueles ares não o regimento tão complacentemente requisitado, mas todo o grande exército...

É que a escultura, sobretudo a escultura heroica, tem por vezes a simultaneidade representativa da pintura, de par com a sucessão rítmica da poesia ou da música. Basta-lhe para isto que se não limite a destacar um caráter dominante e especial, senão que também o harmonize com um sentimento dominante e generalizado.

Neste caso, malgrado o restrito de seus recursos e as exigências máximas de uma síntese artística, capaz de reproduzir toda a amplitude e toda a agitação de uma vida num bloco limitado e imóvel – este ideal é notavelmente favorecido pelo sentimento coletivo. A mais estática das artes, se permitem o dizer, vibra então na dinâmica poderosa das paixões e a estátua, um trabalho de colaboração em que entra mais o sentimento popular do que o gênio do artista, a estátua aparece-nos viva – positivamente viva, porque é toda a existência imortal de uma época ou de um povo numa fase qualquer de sua história que para perpetuar-se procura um organismo de bronze.

Porque há até uma gestação para estes entes privilegiados que renascem maiores sobre os destroços da vida objetiva e transitória. Não bastam, às vezes, séculos. Durante séculos, gerações sucessivas os modelam e refazem e aprimoram já exagerando-lhes os atributos superiores, já corrigindo-lhes os deslizes e vão transfigurando-os nas lendas que se transmitem de lar em lar e de época em época, até que se ultime a criação profundamente humana e vasta. De sorte que não raro a estátua virtual, a verdadeira estátua está feita, restando apenas ao artista o trabalho material de um molde.

A de Anchieta, em São Paulo, é expressivo exemplo.

Tome-se o mais bisonho artista e ele a modelará de um lance.

Tão empolgante, tão sugestiva é a tradição popular em torno da memória do evangelizador, que o seu esforço se reduzirá ao trabalho reflexo de uma cópia.

Não pode errar. As linhas ideais do predestinado corrigem-lhe os desvios do buril. O elemento passivo, ali, não é a pedra ou o bronze, é o seu gênio. A alma poderosa do herói, nascente do culto de todas as almas, absorve-lhe toda a personalidade, e transfigura-o e imortaliza-o com o mais apagado reflexo da sua mesma imortalidade...

Mas há ocasiões (e aqui se nos antolha uma contraprova desta fisiologia transcendental e ao parecer singularmente imaginosa) em que a estátua nasce prematura.

Falta-lhe a longa elaboração do elemento popular. Possui talvez admiráveis elementos capazes de a tornarem grande ao cabo de um longo tempo – um longo tempo em que se amorteçam as paixões e se apaguem,[9] pelo só efeito de uma dilatada perspectiva histórica,[10] todas as linhas secundárias de uma certa fase da existência nacional...

Mas não se aguarda esse tempo; não se respeita esse interregno ou essa quarentena ideal, que livra as grandes vidas dos contágios perniciosos das nossas pequenas vidas; e decreta-se uma estátua, como se fosse possível decretar-se um grande homem.

Então, neste vir fora de tempo, ela é historicamente inviável.

E não há golpes de gênio que a transfigurem.

É uma estátua morta.

---

9 Sem vírgula no original.
10 Sem vírgula no original.

APÊNDICE B

A viagem de Euclides da Cunha para São Paulo, com o objetivo de pronunciar uma conferência sobre Castro Alves na Faculdade de Direito, foi comunicada por carta, em 28 de novembro de 1907, escrita a Francisco Escobar. Euclides disse ao amigo que a conferência seria proferida em 9 de dezembro, atribuindo a data de sua viagem ao primeiro domingo depois do dia 28 de novembro: "lá vou pelo noturno, de domingo, 8 de dezembro, a S. Paulo, onde farei, no dia seguinte uma conferência sobre Castro Alves".[1] A apresentação deu-se, de fato, em 2 de dezembro. Euclides escreveu que a cerimônia visava a "auxiliar [na] construção da herma do poeta".[2] Afirmou também que Castro Alves "lucraria",[3] sairia engrandecido de sua conferência, embora não esperasse o assentimento dos alunos para com seus pontos de vista. A permanência de três dias do escritor na capital paulista foi detalhadamente noticiada pelo jornal *O Estado de S. Paulo*. A conferência do dia 2 de dezembro foi publicada na primeira página do diário do dia 3, do mesmo mês,[4]

---

1 Galvão; Galotti (Orgs.), *Correspondência de Euclides da Cunha*, 1997, p.343.

2 Ibid.

3 Ibid.

4 *O Estado de S. Paulo*, terça-feira, 3 dez. 1907, ano XXXIII, n.10.587, p.1.

com o título "Castro Alves e o seu tempo (Conferência realizada no "Centro Acadêmico Onze de Agosto").[5] O texto ocupou quase inteiramente as colunas da primeira página do jornal, com exceção da última coluna, a sétima, e das últimas linhas da anterior. Em uma carta, de 28 de janeiro de 1908, para o pai, Euclides referiu-se à publicação, em livro, da conferência: "Não sei se já lhe mandei a conferência sobre Castro Alves, impressa na Tipografia Nacional por ordem do barão (sem que eu pedisse)".[6] De fato, a Imprensa Nacional editou em livro a conferência com o título *Castro Alves e seu tempo. Discurso pronunciado no Centro Onze de Agosto de São Paulo*, em 1907. Sobre a vida e a obra de Castro Alves (1847-71), que nasceu e morreu na Bahia, foi aqui utilizada a seguinte bibliografia: Sílvio Romero. *História da literatura brasileira*. Rio de Janeiro: B. L. Garnier – Livreiro Editor, 1888, t.II; Alfredo Ferreira de Carvalho. *Estudos pernambucanos*. Recife: A Cultura Acadêmica, 1907; José Veríssimo. *História da literatura brasileira*. 3.ed. Rio de Janeiro: José Olympio, 1954 [1.ed., 1916]; *Obras completas de Castro Alves*. Introdução e notas de Afrânio Peixoto. São Paulo, Recife, Porto Alegre: Cia. Editora Nacional, 1938, 2v.; Castro Alves. *Antologia poética*. Apresentação de Manuel Bandeira. Rio de Janeiro: José Aguilar, 1975.

Euclides da Cunha intitulou de "Notas e esclarecimentos" algumas informações que acrescentou à publicação em livro do discurso "Castro Alves e seu tempo". As notas estendem-se, na primeira edição, da página 39 à 44 e são dispostas em um corpo gráfico menor que o da Conferência.[7] Tem-se a impressão de que o autor adicionou esses novos conteúdos às considerações sobre Castro Alves após o livro já ter sido impresso e, por esse motivo, não colocou as *notas e os esclarecimentos* nos lugares próprios, diretamente no interior do texto ou nos pés das páginas. Indicou as frases que devem anteceder às notas e, entre parênteses, os números

---

5 O texto está no jornal dividido em duas partes.

6 Galvão; Galotti (Orgs.), op. cit., p.349.

7 As notas não estão numeradas no original.

das páginas em que se encontram. De todas as notas, somente a de número VI já havia sido publicada no jornal *O Estado de S. Paulo* do dia 23 de dezembro de 1907[8], a qual narra um episódio da missão chefiada por Euclides da Cunha na Amazônia em 1905. Uma delas revela detalhes da conhecida *rivalidade boêmia* entre Castro Alves e Tobias Barreto. Na conferência, Euclides definira as "anedotas", que cercavam as disputas entre os dois escritores, como "inexpressivas e graciosas" e fizera profissão de fé de "não se perder por ali". Entretanto, munido de novas informações contidas no livro *Estudos pernambucanos,* de Alfredo de Carvalho,[9] decidiu, na parte final, enveredar-se pelas "anedotas inexpressivas". Sílvio Romero, em *História da literatura brasileira,* dedicara alguns parágrafos ao debate, de cariz francamente romântico, que opôs dois ilustres estudantes da Faculdade de Direito do Recife em 1866. Segundo Romero, "a causa do rompimento dos dois poetas" foi a constituição de "dois partidos teatrais" em torno de "duas atrizes de muito talento".[10] As divergências estenderam-se dos camarotes do teatro para a imprensa, e logo os debatedores começaram a se agredir por meio da *Revista literária* (Tobias Barreto) e do jornal *Luz* (Castro Alves). O livro de Alfredo de Carvalho, *Estudos pernambucanos,* contém um capítulo ("Castro Alves em Pernambuco") dedicado ao depoimento de um amigo de Castro Alves, João Batista Regueira Costa, a quem Euclides, na conferência, informou ter conhecido durante sua passagem pela capital de Pernambuco, quando voltava de sua missão amazônica.[11] Euclides retirou os conteúdos das notas I, III, IV e V dos *Estudos pernambucanos,* especificamente do capí-

---

8   *O Estado de S. Paulo,* segunda-feira, 23 dez. 1907, ano XXXIII, n.10.607, p.1. A matéria recebeu o título "O valor de um símbolo".

9   O livro foi publicado pela primeira vez no Recife, pela editora A Cultura Acadêmica, em 1907. Consta do livro a informação de que os artigos que compõem o volume foram publicados na imprensa diária e em várias revistas do Recife.

10 Romero, *História da literatura brasileira,* 1888, p.1386-7.

11 O título completo do capítulo é "Castro Alves em Pernambuco (Recordações de um amigo)". Este capítulo reproduz informações de Regueira Costa sobre Castro Alves, de quem foi contemporâneo na faculdade.

78 JOSÉ LEONARDO DO NASCIMENTO

tulo "Castro Alves em Pernambuco", o qual contém o depoimento de Regueira Costa sobre o poeta baiano. Como todas as informações não foram impressas no interior da conferência, mas acrescentadas como espécie de apêndice ao livro, conclui-se que Euclides da Cunha leu os *Estudos pernambucanos,* de Alfredo de Carvalho, após ter proferido a Conferência no Centro Acadêmico da Faculdade de Direito de São Paulo.

Castro Alves e seu tempo. Discurso pronunciado no Centro Onze de Agosto de São Paulo

> *Tu deixarás na liça o férreo guante*
> *Que há de colher a geração futura...*
>
> Castro Alves
> *(Manuscritos de Stênio)*[12]

Meus jovens compatriotas – No cativante ofício que me dirigistes,[13] convidando-me a realizar esta conferência sobre Castro Alves, trai-se a feição preeminente do vosso culto pelo poeta.[14]

"Insigne e extraordinário condoreiro da Bahia", dissestes; e transfigurastes, na fórmula gloriosa de uma consagração, um título não raro irônico ou derivado dos escrúpulos assombradiços da crítica literária ante o misticismo anômalo do cantor.[15] Por isso mesmo, de-

---

12 Euclides da Cunha utilizou estes versos do poema "Adeus, meu canto", concluído em Recife em 1865, como epígrafe. Os versos fazem parte da seguinte estrofe da parte III do poema: "Assim, quando essa turba horripilante,/ Hipócrita sem fé, bacante impura,/ Possa curvar-te a fronte de gigante,/ Tu deixarás na liça o férreo guante/ Que há de colher a geração futura.../ Mas, não... crê no porvir, na mocidade,/ Sol brilhante do céu da liberdade".

13 Sem vírgula no original.

14 Euclides da Cunha alude a um convite ("ofício") por escrito que os estudantes da Faculdade de Direito de São Paulo lhe enviaram.

15 Machado de Assis no ensaio "A nova geração", publicado na *Revista Brasileira*, em 1879, revela ter tomado ciência do termo "condoreiro" aplicado à poesia "hugoísta", por meio de um artigo de Capistrano de Abreu: "V. Hugo

EUCLIDES DA CUNHA E A ESTÉTICA DO CIENTIFICISMO   79

liberei acompanhar-vos neste rumo; não por ajustar-me ao vosso nobilíssimo entusiasmo, senão também por facilitar, simplificando-a, a tarefa que me cometestes. Mas, observei para logo que a facilidade prefigurada, como efeito do restringimento da tese, era ilusória. O sonhador, contemplado na fisionomia particular que lhe imprimiu o seu lirismo revolucionário de propagandista fervente das ideias e sentimentos de seu tempo, apareceu-me maior do que abrangido na universalidade dos motivos determinantes das emoções estéticas.

A restrição da sua figura literária correspondeu um alargamento na história.

O fantasista imaginoso transmudou-se.

Revendo-o, vi o aparecimento, quase inesperado, de uma fase nova na evolução da sociedade.

Mas, para isto fechei os meus olhos modernos, e evitei a traiçoeira ilusão da personalidade, que está no projetar-se o nosso critério atual sobre as tendências, por vezes tão outras, das pessoas que passaram.

Fui, deste modo, muito ao arrepio das ideias correntes, fortalecidas ainda há pouco por Guilherme Ferrero,[16] na sua tentativa de deslocar para o estudo da humanidade o princípio das "causas

---

produziu já entre nós, principalmente no norte, certo movimento de imitação, que começou em Pernambuco, a escola hugoísta, como dizem alguns, ou a escola *condoreira*, expressão que li há algumas semanas num artigo bibliográfico do Sr. Capistrano de Abreu, um dos nossos bons talentos" (Machado de Assis, A nova geração. In: Alencar, (Org.) *Crítica literária. Obras completas de Machado de Assis*, 1957, p.190). Parece, pois, que a utilização da expressão "condoreira", para classificar a última geração do romantismo brasileiro, surgiu após a morte de Castro Alves, no fim dos anos de 1870.

16 Guglielmo Ferrero, sociólogo e historiador, nasceu em Portici, na Itália, em 1871, e morreu na Suíça, em 1942. Completou seus estudos nas universidades de Pisa e de Turim. Escreveu, em colaboração com Césare Lombroso, *A mulher delinquente* (1893). Publicou, também, *Os símbolos* (1893) e *A jovem Europa* (1897). Foi redator do jornal *O Século*, de Milão. Como historiador, escreveu *Grandeza e decadência de Roma* (5v., 1902-07), que compreende o período que se estende da época dos Graco até a morte de Augusto, primeiro imperador romano. Esse trabalho, que foi mais bem acolhido pelo grande público que pelos especialistas em história antiga, difundiu a fama de Ferrero no exterior. (*Enciclopédia italiana di scienze, lettere ed arti*, 1949, v.XV.)

80 JOSÉ LEONARDO DO NASCIMENTO

atuais", que o gênio de Lyell instituiu para explicar-se o desenvolvimento evolutivo da terra.[17] E não me arrependo de o ter feito. Tenho que é impossível conjugar-se a simplicidade das leis físicas com o intrincadíssimo dos fatos morais, submetendo-se à mesma norma de pesquisas o maior e mais simples dos inorganismos, e o maior e mais complexo dos organismos. Isto pode determinar curiosas surpresas: por exemplo, a reabilitação de Tibério...[18] Nada mais, porém, além deste triunfo literário; tão flagrantemente ilógico é o transplante de um método inspirado em causas que se eternizam na passividade da matéria, para o *perpetuum mobile*[19] do sentimento, ou do espírito, sempre a mudar, ou a renascer, sempre mais novo à medida que avulta em séculos, e sempre a transformar-se, ao ponto de se inverterem os impulsos mais enérgicos que presidiriam os seus diferentes estádios.

Não preciso mostrar-vo-lo. À parte o quadro do nosso regime industrial, ou artístico, bastaria referir-me às mudanças profundas da própria ordem moral, que Th. Buckle[20] supôs tão imutável no

---

17 Sir Charles Lyell (1797-1875), geólogo, nasceu e morreu na Inglaterra. Foi professor de geologia no Colégio Real de Londres, presidente da Sociedade Geológica de Londres e membro correspondente da Academia das Ciências de Paris. No livro *Princípios de geologia*, publicado em 1833, explica as mudanças sucessivas da crosta terrestre pelo resfriamento lento do globo. Defendendo a doutrina das causas atuais, sustentou que a Terra evoluiu sob o efeito de causas físico-químicas, sob a ação de agentes como a água, o vento e o Sol. Escreveu *Princípios de geologia* (1833) e *A antiguidade do homem provada pela geologia* (1864).

18 Ponto de vista inconcluso e obscuro do autor. Euclides da Cunha parece referir-se ao fato de que a utilização de um método próprio aos estudos históricos, distinto do das ciências naturais, produz conhecimentos novos e inesperados, como, por exemplo, a mudança da interpretação histórica tradicional sobre o papel representado pelo imperador romano Tibério.

19 Entre aspas no original.

20 Henry Thomas Buckle, historiador inglês, nasceu em Lee, em 1821, e morreu em Damasco, na Síria, em 1862. Escreveu *História da civilização na Inglaterra* (1857) utilizando, para tanto, a noção de progresso e os métodos das ciências naturais. O trabalho de Buckle foi bastante lido, absorvido e criticado pelos autores brasileiros da segunda metade do século XIX, sobretudo porque há nele uma extensa e significativa alusão ao Brasil. A referência à história

EUCLIDES DA CUNHA E A ESTÉTICA DO CIENTIFICISMO **81**

meio do desenvolvimento das inteligências. E recordar-vos, percorrendo a escala dos móveis dos nossos atos, quão díspares eles são, hoje, do que foram: desde as manifestações mais gloriosas das nossas energias, às mais tocantes da nossa bondade; – desde o nosso heroísmo, que era ontem a forma mais fácil da coragem a desprender-se da larva da atividade militar, e agora se aparelha a lutas menos ruidosas e mais sérias, até a nossa piedade, que nasceu do íntimo sentimento da nossa fraqueza, a vai se transformando no aspecto mais encantador da nossa força.

Não me delongarei, porém. Tenho um fim, neste exórdio imperfeito: prevenir-vos que entre o avaliar os homens e as coisas do passado, como objetos artísticos, através do nosso temperamento, e o vê-los, tanto quanto possível forros das nossas tendências diversas, prefiro o último caso. Entre o considerá-los, como um geólogo, aplicando as suas regrinhas estratigráficas, indiferentemente, a uma velhíssima camada siluriana e a um estrato recente, prefiro – já que está em moda a canhestra filosofia do adaptarem-se as normas das ciências inferiores às superiores – considerá-los como o astrônomo, respeitando todas as consequências da distância e dos meios interpostos.[21] Assim, quando observamos o sol, sabemos que ele *não está* no ponto em que o vemos: deslocam-no-lo muitas circunstâncias

---

brasileira objetivava demonstrar a tese do historiador britânico de que a civilização floresceu na Europa como decorrência do predomínio do esforço humano sobre a natureza. No Brasil, ao contrário, "coberto de uma vegetação de incrível profusão [em que] a natureza parece extravasar-se num jogo de vaidosa força [...] nenhum lugar foi deixado para o homem [...] reduzido à insignificância pela natureza que o cerca. As forças que se lhe opõem são tão formidáveis que ele nunca foi apto a lhes fazer frente, nunca foi capaz de resistir a sua acumulada pressão". Sílvio Romero, no primeiro tomo de sua *História da literatura brasileira* (1888), dedicou o capítulo III ("A filosofia da história de Buckle e o atraso do povo brasileiro") à discussão e exposição da tese do historiador inglês. Buckle reconhecia, entretanto, que havia, "ao longo da costa", "uma certa cópia de cultura [europeia]", mas que, além de "imperfeita", não penetrou "nos recessos do país". Ponto de vista que, de certa maneira, reaparecerá em *Os sertões* de Euclides da Cunha, publicado em 1902.

21 De acordo com a "classificação enciclopédica das ciências" dos *Cursos de filosofia positiva*, de Augusto Comte.

intermédias. O próprio raio vertical de uma estrela no zênite, que as elimina, é falso: chega-nos no desvio em que se compõe a velocidade do grande observatório telúrico, com a da luz. Destarte a própria visão material nos é errônea. Envolve-nos uma ilusão tangível. E todo o trabalho das observações mais simples está em eliminarem-se as aparências enganadoras da realidade, por maneira que, ao fim de longos cálculos, possamos ver o que os nossos olhos não mostraram.

Acontece o mesmo, contemplando-se o passado. A nossa visão interior alongando-se no tempo, como a exterior ao desatar-se no espaço, é sempre falsa, quando se atém só ao que divisa, e não atende aos erros oriundos menos do objeto observado que da nossa posição e do meio que nos circula.

Ora, o grande poeta, motivo essencial desta assembleia, apesar da diminuta distância que no-lo separa, mais do que nenhum outro, retrata, na sua nomeada variável, o contraste dos dois critérios históricos rapidamente bosquejados.

De fato, o seu renome é excepcional e curiosíssimo: todos nós o admiramos até aos vinte e poucos anos; depois o esquecemos. Esquecemo-lo, ou repudiamo-lo. É uma glória que intermite no ritmo das gerações sucessivas. Tem este traço expressivo: adormenta-se, ou restringe-se, no breve curso da nossa vida individual, e prolonga-se sem fim, restaurada de ano a ano, sempre maior, nascendo, ressurgindo e avultando, no nascer, no ressurgir e no avultar na própria sociedade.[22] É como a luz, perpetuamente moça. Não dura a vida de um homem, e é eterna.[23] Exige almas ardentes e a intrepidez varonil da quadra triunfal, em que andamos pela vida

---

22 Exemplo do estilo literário euclidiano. Emprego de verbos de significados semelhantes (adormenta-se/ restringe-se/ ou nascendo/ ressurgindo/ avultando/ ou, ainda, nascer/ ressurgir/ avultar), no mesmo modo verbal. As palavras assim empregadas provocam um efeito hiperbólico e retórico.

23 Oximoro, figura de linguagem muito utilizada por Euclides da Cunha em seus escritos. A "glória" de Castro Alves, segundo o autor, é "eterna", embora "não [dure] a vida de um homem". Em *Os sertões*, esforçando-se em definir a personalidade de Antônio Conselheiro, o autor produziu alguns célebres oximoros, como: "Aquele dominador foi um títere. Agiu passivo como uma sombra" (Cunha, *Os sertões*, 1985, p.217).

EUCLIDES DA CUNHA E A ESTÉTICA DO CIENTIFICISMO 83

na garbosa atitude de quem oferece o molde de sua própria estátua, como obscuros e antecipados grandes homens, vivendo no futuro, para onde nos leva o arrebatamento de todas as esperanças. Não a comporta a alma esmorecida dos velhos, ou o juízo retilíneo do homem feito. Quando não a sentimos mais, imaginamos que ela se extinguiu, como se a noite fosse o apagamento do sol; e não fôramos nós que mergulhássemos, como a terra, na nossa própria sombra, inscientes dos resplendores que na mesma hora estão caindo sobre as outras zonas e sobre novas gentes. Desta maneira ela vai passando, feita a herança sagrada das juventudes que se acabam; e, perenemente imóvel no oriente da vida nacional, a refulgir nos mesmos cérebros juvenis, nos mesmos olhos ardentes dos homens de uma mesma idade, é, de fato, imortal, porque diante dela se verifica uma espécie de imobilidade no tempo...

São compreensíveis os contrastes. De um lado, na quadra em que toda a irreflexão desponta do muito refletirmos o que nos cerca – está uma larga expansibilidade de sentimento, e, de par com ela, uma simpatia avassaladora, que corrigem em grande parte os desvios da nossa inexperiência, ampliando-nos a vida, ao ponto de podermos compreender, sem que careçamos discuti-las, as sínteses maravilhosas dos sonhadores. De outro, a nossa inteligência mais e mais sobrecarregada das impressões que nos rodeiam de perto e chumbando-nos cada vez mais à base objetiva das coisas. Turva-se-nos, então, a limpidez espiritual para espelharmos as figuras anômalas desses predestinados, que não podem ser como nós somos, na imensa complexidade que os transforma, por vezes, em índices abreviados de uma época.[24] O nosso culto decai. Distinguimos-lhes de-

---

24 O argumento de que Castro Alves seria, como outros "predestinados", um índice abreviado de uma época, exprime, de fato, a concepção sociológica, que concebe o predomínio do coletivo sobre os indivíduos. Nessa perspectiva, Euclides definiu o líder messiânico de Canudos, Antônio Conselheiro: "É difícil traçar no fenômeno [social] a linha divisória entre as tendências pessoais e as tendências coletivas: a vida resumida do homem é um capítulo instantâneo da vida de sua sociedade. Acompanhar a primeira é seguir paralelamente e com mais rapidez a segunda; acompanhá-las juntas é observar a mais completa mutualidade de influxos" (Cunha, op. cit., p.207).

84 JOSÉ LEONARDO DO NASCIMENTO

feitos que não notáramos. Vemo-los diminuídos, e temos a ilusão de que eles vão passando e desaparecendo... o vulgaríssimo engano de quem, num trem de ferro, sente-se parado e vê fugirem, disparadas, desaparecendo, as grandes árvores que se aprumam, enraizadas e imóveis, à margem do caminho. Porque não é o poeta que se apequena e passa; é a nossa vida que se desencanta. Estonteia-nos nessa quadra a pior das nossas ilusões: a ilusão de que somos melhores, mais lúcidos, mais práticos, mais sábios. Os quadros da existência já não nos dominam. Dominamo-los nós. Submetemo-los a uma crítica permanente e cerrada, com as máximas exigências daquilo que chamamos, garbosamente, a nossa personalidade. Sentimo-nos emancipados. Principiamos a construir a ficção de um nome. E não percebemos que algumas vezes, nessa pletora da individualidade, se nos reduz o tipo social, até desaparecer encouchado e comprimido no âmbito estreitíssimo do nosso euzinho, que imaginamos enorme. E lá nos vamos impando os nossos triunfos, e as nossas convicções muito firmes, muito enrilhadas, muito duras, envaidando-se de calçarem os pobres coturnos rasos de uma meia ciência pretensiosa.

Então esse Castro Alves, o "condoreiro", que nos arrebatou aos maiores lances da nossa fantasia, surge-nos monstruoso, paradoxal, quimérico...

É que nos andamos tão jungidos às tendências adquiridas, que não logramos mais sequer balancear os efeitos das simples diferenças de datas, para vermos a imagem do poeta corrigindo o nosso descortino das causas perturbadoras que no-la desviam. E, desdobrando o nosso critério atual sobre um tempo, de que nos separam os quarenta anos mais intensos da nossa história, sobressalteiam-nos, por força, grandes desapontamentos.

É compreensível. A sua fantasia exagerada contrasta demais com o mundo em que vivemos. Na esteira infernal, que o "Navio Negreiro"[25] abriu sobre o abismo, com a singradura fantástica,

---

25 Em itálico no original.

> *...abrindo as velas,*
> *Ao quente arfar das virações marinhas,* [26]

navegam hoje os pacíficos transatlânticos, onde se apinham os emigrantes tranquilos, que reclamamos para as lavouras do Oeste. O recife imenso de pedra, "que rasga o peito do mar", está em boa hora submetido aos cálculos e aos desenhos rigorosos de alguns provectos engenheiros a projetarem os melhoramentos do porto de Pernambuco...

E a própria cachoeira de Paulo Afonso

> *...a cachoeira! O abismo!*
> *A briga colossal dos elementos!* [27]

> [...]

> *Aguentando o ranger (espanto! assombro!)*
> *O rio inteiro, que lhe cai ao ombro!* [28]

---

26 Versos do poema "O navio negreiro – tragédia no mar", assinado pelo poeta em São Paulo, em 18 de abril de 1868. O poema, dividido em seis partes ou cantos, foi publicado no *Jornal da Tarde* do Rio de Janeiro, n.200, de 23 de junho de 1870. Euclides da Cunha citou os dois primeiros versos do quarto quarteto do Canto I, reproduzindo, no entanto, apenas parcialmente o primeiro verso: "Estamos em pleno mar... Abrindo as velas/ Ao quente arfar das virações marinhas".

27 De "A cachoeira de Paulo Afonso", consta como "data definitiva: Fazenda Santa Isabel, 12 de julho de 1870, no Rosário do Orobó". A poesia começou, no entanto, a ser escrita bem antes desta data. No começo de 1868, Castro Alves, passando pelo Rio de Janeiro, leu a José de Alencar "A cascata de Paulo Afonso". O poema é composto de sete estrofes de oito versos cada. Euclides da Cunha citou parte do primeiro verso e o segundo da sexta estrofe, eliminando a referência a "Paulo Afonso", feita por ele na abertura da citação. Seguem os dois primeiros versos da sexta estrofe: "A cachoeira! Paulo Afonso! O abismo!/ A briga colossal dos elementos!".

28 Dois últimos versos da sexta estrofe de "A cachoeira de Paulo Afonso". A citação incorreu, no entanto, em erro. No lugar de "O rio inteiro, que lhe cai, ao ombro", as sucessivas edições do poema grafam "do ombro".

86 JOSÉ LEONARDO DO NASCIMENTO

... a cachoeira de Paulo Afonso em breve terá a sua potência formidável aritmeticamente reduzida a não sei quantos milhares de cavalos-vapor; e se transformará em luz, para aclarar as cidades; em movimento, abreviando as distâncias, avizinhando os povos e acordando o deserto com os silvos das locomotivas; em fluxo vital, para os territórios renascidos, transfundindo-se na inervação vibrátil dos telégrafos; em força inteligente, fazendo descansar um pouco mais o braço proletário; e fazendo-nos sentir o espetáculo de uma mecânica ideal, de efeitos a se estenderem pelos mais íntimos recessos da sociedade, no másculo lirismo da humanização de uma cega energia da natureza...

Vede, por aí, como se contrabatem os estímulos modernos e aquele misticismo maravilhoso.[29]

Além disto, o aparecimento de Castro Alves, certo oportuno, como o de todo grande homem, é, em grande parte, inexplicável. Ele não teve precursores, na sua maneira predominante. Os grandes pensamentos, sociais ou políticos, que agitou, não lhe advieram, como em geral sucede, de longas ou bem acentuadas correntes, nos agrupamentos que o rodeavam. Pertenciam, plenamente generalizados à sua época. Nasciam do patrimônio comum das conquistas

---

29 Euclides da Cunha argumenta, pois, haver uma incompatibilidade entre o desenvolvimento material da sociedade moderna e o "misticismo" de Castro Alves. O argumento é muito semelhante à reflexão sobre arte desenvolvida por Karl Marx em *Para a crítica da economia política* (1857-58). Na perspectiva marxista, a mitologia foi "a terra que alimentou a arte grega". Pois, seria a mitologia compatível com os "caminhos de ferro, as locomotivas, o telégrafo elétrico, a máquina de impressão"? "Aquiles é compatível com a pólvora e o chumbo [...] não desapareceram as condições necessárias ao florescimento da poesia épica?" (Marx, 1978, p.124-5). Como já foi observado nas "Considerações finais", deste livro, há um princípio comum nas argumentações de Euclides da Cunha e de Marx. Ambos julgavam que a época histórica em que viviam realizou tal prodígio de desenvolvimento científico e material que passou a exigir novas expressões artísticas. Os dois autores desenvolveram suas reflexões estéticas tendo por princípio esta certeza da particularidade de seu momento histórico. Como ficariam os florescimentos artísticos do passado diante do controle ou do domínio real da natureza pela humanidade? Esta questão foi respondida diferentemente pelos dois autores.

morais da humanidade. A sua grandeza está nisto: ele os viu antes e melhor do que seus contemporâneos. Compreende-se que o estranhassem. Sem dúvida devera ser anômalo e, ao parecer, desorado, o vidente que surgia, de improviso, num estonteamento de miragens, e a proclamar uma nascença ainda remota, ou a descrever a era nova, que poucos adivinhavam, numa linguagem onde – naturalmente – os mais belos lances e seu lirismo incomparável teriam de golpear-se do abstruso e do impressionismo transcendental das profecias...

A este propósito lembram-me alguns conceitos que se exaram numa das conferências de Renan.[30] Li-os cheio de espanto. O adorável pensador pareceu-me, ao primeiro lance, desviado do seu inalterável senso não comum, do seu ceticismo suavíssimo e da sua ironia tranquila. A seu parecer, dizia sem rodeios aos que escutavam, uma raça dá os seus melhores frutos quando desperta de uma dilatada sonolência. As mais belas revelações intelectuais têm sempre um enorme lastro de inconsciência, ou, como acentuava, de vastos reservatórios de ignorância.

E ia por diante da aventurosa tese tão chocante, ou contravinda, às mais vulgares noções da continuidade do progresso, afirmando temer pela humanidade, no dia em que a luz atravessasse todas as suas camadas. Porque – inquiria – de onde viriam, então os sentimentos instintivos, o heroísmo, que é tão essencialmente hereditário, o amor nobre das coisas, que nada tem com os nossos juízos: e todos esses pensamentos inconscientes de si próprios, que estão em nós sem nós, e formam a melhor parte do apanágio de uma nacionalidade inteira? Por derradeiro – rematava – de onde nos viria o gênio, que é quase sempre o resultado de um longo sono anterior das raças?

---

30 Joseph-Ernest Renan, filólogo e historiador francês, nasceu em Tréguier, em 1823, e morreu em Paris, em 1892. Exerceu grande influência sobre a cultura brasileira da segunda metade do século XIX. Escreveu *História das origens do cristianismo*, publicada em sete volumes. *Vida de Jesus* (1863) foi o primeiro; *Marc-Aurèle* (1882), o sétimo e último. A atribuição de um conteúdo milenarista ao fenômeno religioso de Canudos por Euclides da Cunha, em *Os sertões*, deveu-se, em grande parte, à absorção, pelo escritor brasileiro, da análise dos movimentos cristãos primitivos feitos por Renan, em *Marc-Aurèle*. Passagens inteiras de *Os sertões* foram diretamente tiradas e traduzidas de *Marc-Aurèle*.

É, como vedes, paradoxal e inaceitável.

Entretanto, defrontados o nosso poeta e a sociedade de seu tempo, e vendo-o aparecer quando ela, de feito, se afigura despertar de um demorado sono, afeiçoamo-nos, irresistivelmente, à metafísica imaginosa do notável pensador.

É o que nos demonstrará, de maneira evidente, um breve lance de vistas sobre o passado.

...

Com efeito, não sei de nenhuma raça que, como a nossa, despertasse nestes tempos, depois de um mais profundo sono, aparelhando-se à carreira, para alcançar a marcha progressista de outros povos.

Baste considerar-se que somos o único fato de uma nacionalidade feita por uma teoria política.

Fora longo desviar-me patenteando os elementos originários da afirmativa. Não há prodígios de síntese que nos digam, em poucas palavras, o contraposto da nossa formação étnica, ainda incompleta e em pleno caldeamento de três fatores diversos, e a unidade política estendida em vastíssimas terras, numa inversão flagrante da ordem lógica dos fatos, fazendo que a evolução social passasse adiante da evolução biológica.[31]

---

31 Tese euclidiana recorrente em seus textos. No ensaio "Da independência à República" (esboço político), publicado a princípio em *O Estado de S. Paulo*, por ocasião da comemoração do IV Centenário do Brasil, com o título "O Brasil no século XIX", e republicado em *À margem da história*, em 1909, esse ponto de vista foi explicitamente apresentado: "Somos o único caso histórico de uma nacionalidade feita por uma teoria política. Vimos, de um salto, da homogeneidade da colônia para o regime constitucional: dos alvarás para as leis". E mais à frente: "[...] tarefa estranha de formar uma nacionalidade sem a própria base orgânica da unidade de raça. Porque estávamos destinados a formar uma raça histórica, segundo o conceito de Littré, através de um longo curso de existência política autônoma. Violada a ordem natural dos fatos, a nossa integridade étnica teria de constituir-se e manter-se garantida pela evolução social. Condenávamo-nos à civilização. Ou progredir, ou desaparecer" (Cunha, *À margem da história*, 1967, p.187-93).

EUCLIDES DA CUNHA E A ESTÉTICA DO CIENTIFICISMO **89**

Aparecemos quando se cerrava o período medievo, lançando-se os fundamentos reconstruintes de outras sociedades; e naquela ocasião tínhamos três cores, falávamos três línguas, definíamos três estádios evolutivos. Destarte, sem o mesmo tirocínio secular, prendemo-nos à rota de outras gentes mais experimentadas; e sofremos para logo as consequências da temeridade. Sem uma idade antiga, nem média, fomos compartir as primícias da idade moderna; e o efeito foi que as nossas idades antiga, média e moderna, confundiram-se, interserindo-se dentro das mesmas datas. Há um livro, que é simples historiúncula desse drama obscuro. A luta de 1897, nos sertões baianos, a despeito de sua data recente, foi um refluxo do passado; o choque da nossa pré-história e da nossa modernidade: uma sociedade a abrir-se nas linhas de menor resistência, e mostrando, em plena luz, as suas camadas profundas, irrompendo devastadoramente, a exemplo das massas cadentes de diábase que irrompem e se derramam por vezes sobre os terrenos modernos, extinguindo a vida e incinerando os primores da flora exuberante.[32]

E foi em nossos dias... Calcule-se como estariam ainda mais desquitados entre si, em 1822, os três grandes agrupamentos...

No entanto,[33] fizemos uma Constituição política; isto é, fizemos o que é sempre uma resultante histórica de componentes seculares, acumuladas no evoluir das ideias e dos costumes; o que é um passo para o futuro, garantido pela força conservadora do passado; o que é, essencialmente, tradicional; e o que menos se faz do que se descobre, no conciliar de novas aspirações e novas necessidades com os esforços, nunca perdidos, das gerações que nos precedem. Tanto importa dizer que fizemos uma teoria com materiais estranhos, a ressaltar do esforço artístico, ou subjetivo, de uma minoria de eruditos. E assim nascemos, sob o hibridismo da monarquia constitucional representativa – quase abstratamente, ou patenteando, pelo menos, o maior exemplo de política experimental tateante, que se conhece.

---

32 Referência a seu próprio livro *Os sertões*.
33 Sem vírgula no original.

90 JOSÉ LEONARDO DO NASCIMENTO

No entanto,[34] realizamos duas conquistas capazes por si sós de constituírem o programa de uma nacionalidade. Fizemos a Abolição e a República. Mas, ainda neste lance, o historiador futuro não encontrará pontos determinantes, que lhe bastem ao diagrama de uma evolução.

Realmente, o ideal democrático, bem que o favorecesse a falta de tradições dinásticas, jazeu largo tempo com o único e longínquo ponto de partida da Inconfidência mineira, alimentando-se da lembrança dolorosa do heroísmo inútil de meia dúzia de poetas e de um soldado.[35] Em 1822 sopeou-o, assim como a ideia abolicionista, apesar da lucidez genial de José Bonifácio,[36] o pensamento preponderante da autonomia política; e no decênio que vai até 1831, nos tumultos que o sulcaram, nota-se mais o antagonismo nativista que o entrebater das correntes republicana e monárquica, contrapostas.

Como quer que fosse, o liberalismo triunfante no 7 de Abril perdeu as honras da vitória.[37] Entre ele e os reacionários absolutistas, vencidos e desnorteados pela renúncia do primeiro Imperador, interpôs-se um partido que não lutara e chamava-se curiosamente, liberal-monarquista. Fortalecia-o o caráter neutral entre adversá-

---

34 Sem vírgula no original.

35 Euclides da Cunha expõe, nesta conferência de 1907, pontos de vista do republicanismo brasileiro. De um lado, define o conteúdo republicano como "democrático", de outro, vincula-o à tradição da Inconfidência Mineira.

36 José Bonifácio de Andrada e Silva nasceu em Santos, capitania de São Paulo, em 1763, e morreu em Niterói, província do Rio de Janeiro, em 1838. Estudou em Coimbra, Portugal, nas faculdades de Direito e de Ciências. Fixou-se no Brasil em 1819, onde exerceu papel central no movimento da independência do país, ocorrida em 1822. Foi ministro do novo governo, mas partiu para o exílio, em Bordeaux, na França, em 1823. Foi, também, tutor de Pedro II, na fase de sua menoridade, até 1834. Euclides da Cunha refere-se, na passagem acima, à oposição de José Bonifácio, cognominado de "patriarca da independência", ao autoritarismo do imperador Pedro I e, sobretudo, a suas críticas à escravidão.

37 Em 7 de abril de 1831, Pedro I abdicou da coroa do Brasil em nome de seu filho. O processo da escolha dos ministros foi uma das razões da abdicação. Pressionado por uma concentração popular no Campo de Santana, Rio de Janeiro, que exigia do imperador a demissão de um ministério de áulicos, preferiu abandonar o governo. O dilema que orientou seu governo, desde 1824, foi expresso pela frase que naquelas circunstâncias proferiu: "Tudo farei para o povo, mas nada pelo povo".

EUCLIDES DA CUNHA E A ESTÉTICA DO CIENTIFICISMO **91**

rios ainda combalidos do recontro; e harmonizando as conquistas dos triunfadores da véspera com as tendências conservadoras dos vencidos, pode repelir-lhes por igual os objetivos extremados, anulando, no mesmo passo, com a república prematura o absolutismo revivente. E instituiu-se a Regência. Não a condenemos. Ela foi o único regulador capaz de uniformizar tantas energias revoltas, de tendências disparatadas. A figura de Diogo Feijó,[38] que a domina, sombranceia todo o nosso passado. Tem linhas esculturais, que ainda não se reproduziram em nossos homens públicos. Que outros admirem os marechais dominadores de rebeldias dentro[39] do círculo de aço dos batalhões fiéis; eu prefiro admirar aquele padre estupendo, que com as mãos inermes quebrava as espadas dos regimentos sublevados. Ninguém mais do que ele nobilitou a lei, restaurou a autoridade e dignificou o governo. Mas, embatendo na sua alma antiga,[40] quebrou-se, totalmente, a vaga de uma revolução. E ele fez o remanso largo do segundo Império...

---

38 Diogo Antônio Feijó, eclesiástico e político brasileiro, nasceu em São Paulo, em 1784, e morreu no Rio de Janeiro, em 1843. Ordenou-se padre em 1808, embora, mais tarde, manifestasse franca oposição ao estudo em seminários e ao celibato clerical. Foi um dos 46 deputados do Brasil nas cortes de Lisboa, em 1822. Ministro da Justiça na primeira Regência Trina Permanente, reprimiu levantes militares e criou a Guarda Nacional (18 de agosto de 1831). Senador em 1833, pelo Rio de Janeiro, foi eleito regente em 12 de outubro de 1835. Renunciou em 1837, devido a divergências com a Câmara e o Senado. Em 1842, foi um dos líderes da Revolução Liberal na província de São Paulo. O historiador José Maria dos Santos (*A política geral do Brasil*, 1989, p.26), em um livro publicado em 1930, exprimiu assim a personalidade do regente Feijó em um julgamento controvertido: "Era uma personalidade bem curiosa a desse padre regente do império. [...] Amante da ordem, ele chegava a confundi-la com a sua permanência no poder, dando facilmente em conspirador quando o apeavam. Sacerdote, ele prezava tanto as suas funções que, para obter a dignidade episcopal, não vacilava em comprometer nessa pretensão as relações do Brasil com a Santa Sé, ao mesmo tempo que insurgia contra a regra da Igreja para o fim pessoal de poder casar-se". O julgamento favorável de Euclides da Cunha sobre Feijó deve-se ao seu desempenho como garantidor do poder central diante das ações das forças políticas que atuavam nas províncias e a seu projeto de integração do país por meio de construção de vias de comunicação, como as linhas férreas (Ver Cunha, Da Independência à República, *Revista do Instituto Histórico e Geográfico Brasileiro*, v.69, 1906).

39 No original, havia uma vírgula depois de "dentro".

40 Sem vírgula no original.

92 JOSÉ LEONARDO DO NASCIMENTO

Na realidade, daí por diante, num período de trinta anos, é escusado perquirir-se o curso da corrente republicana, ou da abolicionista, nos abalos sociais que houve: no extremo sul, a luta separatista desenrolou-se durante dez anos, toda ela local, diante da impassibilidade do resto do país;[41] no extremo norte, as selvatiquezas da "cabanagem" nada mais foram que um sintoma da heterogeneidade étnica há pouco referida. Um outro refluxo do passado.[42] Ao "cabano" sucederiam, no correr dos tempos: o "balaio" no Maranhão;[43] o "cangaceiro", em Pernambuco;[44] o "chimango", no Ceará;[45] nomes diversos de uma diátese social única, que chegaria até hoje projetando nas claridades da República o perfil apavorante do "jagunço".[46]

Nos demais tumultos o exame torna-se até contraproducente: nos de 42, em São Paulo e Minas,[47] e nos de 48, em Pernambuco,[48]

---

41 Trata-se da Guerra dos Farrapos no Rio Grande do Sul, que se estendeu de 1835 a 1844. Os farrapos proclamaram, em 1836, a República de Piratini. O movimento foi debelado por Luís Alves de Lima e Silva, futuro Duque de Caxias, que negociou a paz com os revoltosos.

42 Refere-se à Revolta dos Cabanos, ocorrida no Pará, de 1833 até 1836, que dominou a província por vários anos. Em 1836, chegou ao Pará uma poderosa esquadra, trazendo o novo presidente da província, indicado pelo governo central. A capital foi ocupada pelas forças do governo, e os cabanos, refugiados no interior, foram vencidos por forças consideravelmente superiores.

43 Trata-se do movimento de rebelião popular que se estendeu de 1838 a 1841 na região mais habitada e próspera da província do Maranhão. O nome deriva da alcunha de um dos líderes, Manuel Francisco dos Anjos, fabricante de balaios. Os balaios foram vencidos pelo coronel Luís Alves de Lima e Silva, futuro Duque de Caxias, em 1841.

44 Não fica claro a que movimento o autor se refere.

45 O autor deixa pouco explícito o movimento ao qual se refere nesta passagem.

46 Euclides da Cunha alude à Guerra de Canudos (1896-97), ocorrida no sertão da Bahia.

47 Referências aos movimentos liberais de reação às medidas políticas tomadas no início da maioridade e às violências e às fraudes eleitorais que caracterizaram as eleições gerais de 1840. Em São Paulo, os liberais foram liderados pelo padre Antônio Diogo Feijó e Rafael Tobias de Aguiar, e em Minas Gerais, por Teófilo Otoni e Feliciano Pinto Coelho. Os movimentos foram debelados por Luís Alves de Lima e Silva, barão de Caxias, que venceu os revoltosos em Sorocaba, em São Paulo, e em Santa Luzia, em Minas Gerais.

48 Revolução Praieira (1847-48), movimento popular que elaborou um programa de mudanças radicais, que, ao lado de um nativismo antilusitano, contrário

os rebeldes, timbrosos em conclamar a adesão ao trono, arremetem com as tropas imperiais saudando a realeza.[49]

Assim fomos, até que se infiltrasse de todo em nosso organismo político o marasmo monárquico, desenhando-se a época "sem fisionomia, sem emoções e sem crenças", a que se referiu Sales Torres Homem,[50] na qual esteve tão adormecido o sentimento nacional que não o despertou o próprio brio apisoado quando a civilização nos atirou o insolente *ultimatum* do *bill de Aberdeen*,[51] e nos rodeou de um verdadeiro cordão sanitário, mandando que os cruzeiros ingleses rondassem as nossas costas, numa azáfama inquieta de patrulhas à roda de um ajuntamento ilícito.[52]

---

ao monopólio do comércio em retalho pelos portugueses, apregoava mudanças políticas profundas, como voto livre e universal, plena liberdade de imprensa, extinção do poder moderador e reforma do poder judicial. A Praieira foi liderada por Pedro Ivo e pelo deputado Nunes Machado, morto durante os combates em Recife.

49 Euclides da Cunha reitera a tese da inexistência de tradição republicana no país.

50 Francisco de Sales Torres Homem nasceu no Rio de Janeiro, em 1812, e morreu em Paris, em 1876. Estudou Medicina no Rio de Janeiro e Direito em Paris. Foi deputado, senador, ministro e recebeu o título, em 1872, de Visconde de Inhomirim. Utilizando o pseudônimo de Timandro, foi autor de *Libelo do Povo*, de 1848, panfleto antidinástico que defendia posições políticas progressistas para a época. Nos anos 1850, reavaliou seus pontos de vista políticos e aproximou-se do imperador Pedro II e do Partido Conservador. Comparando a trajetória política de Torres Homem, de passado revolucionário, com a de seu pai, Nabuco de Araújo, conservador de origem, escreveu Joaquim Nabuco (Nabuco, *Nabuco de Araújo*: um estadista do Império, 1899, t.2, livro III, cap.V, p.101): "[...] os que haviam começado a vida política com ardor revolucionário, como Sales Torres Homem, entravam na madureza desiludidos da revolução; os que pelo contrário, durante anos eram suspeitos ao elemento popular e estiveram em antagonismo com ele começavam mais tarde a inclinar para a liberdade e a democracia, que não conheciam de perto". A escolha de Torres Homem para senador da província do Rio Grande do Norte, o menos votado da lista tríplice encaminhada ao Conselho de Estado, em 1868, desagradou aos liberais e contribuiu para a queda do Ministério Zacarais de Góis, a dissolução da Câmara e o início do decênio dominado pelo Partido Conservador.

51 Não está em itálico no original.

52 As relações entre os impérios brasileiro e britânico ficaram muito tensas a partir de 1845, quando o governo do Brasil se negou a renovar os tratados assi-

94 JOSÉ LEONARDO DO NASCIMENTO

Por fim, se conciliaram as únicas tendências políticas definidas, que agiram em tão largo período, resumindo-se nas divergências desvaliosas dos dois partidos constitucionais ocupando todo o horizonte político o Marquês do Paraná, simbolizando a plenitude do Império...

Mas, o grande estadista separou duas épocas. A própria data, 1859, da sua saída do Governo, é expressiva. É a média entre 1831, e 1888-1889. O império e a oligarquia escravocrata, em que ele se esteiara, imprudentemente, iriam gastar, apeiando-se de seu fastígio, o mesmo número de anos que haviam despendido para adquiri-lo.[53]

---

nados com a Inglaterra: a convenção sobre o tráfico de escravos de 1826, que fixava um prazo de três anos para a completa extinção do tráfico, e o Tratado de Comércio de 1827. O parlamento inglês havia abolido o tráfico de escravos para as Índias Ocidentais em 1807 e abolido a escravidão nas colônias americanas em 1833. A convenção assinada em 1826 com o Brasil não teve eficácia prática. O ministro de Estrangeiros do governo britânico, Aberdeen, fez, então, aprovar no Parlamento de Londres a lei de 8 de agosto de 1845 contra o Brasil. O *Bill Aberdeen* sujeitava os navios brasileiros traficantes de escravos ao Tribunal do Almirantado ou do Vice-almirantado dentro dos domínios britânicos. Em abril de 1850, os cruzeiros ingleses tiveram ordem de perseguir os navios negreiros até mesmo nas águas e portos brasileiros. Surgiu, nesse momento, no Brasil, um nacionalismo antibritânico, disposto a salvaguardar os direitos do Estado das agressões inglesas. Os ingleses eram designados pelos nacionalistas escravistas como "godemes", neologismo formado pelos termos ingleses *god* (Deus) e *damn* (maldito). O termo *goddam* apareceu na peça de um ato de Martins Pena, de 1845, *Os dois* ou *O inglês maquinista*. O governo brasileiro, entretanto, cedeu à pressão externa e promulgou a lei de 4 de setembro de 1850, proibindo o tráfico de escravos e implementando providências enérgicas para viabilizá-la.

53 Euclides da Cunha alude, nesta passagem, à política da conciliação, cujo promotor principal foi Honório Hermeto Carneiro Leão, Marquês de Paraná, presidente do Conselho de Ministros de 1853 a 1856. A conciliação consistiu de um entendimento entre os políticos conservadores e liberais, que participaram conjuntamente do ministério do Marquês de Paraná. Euclides da Cunha informa erradamente que Paraná saiu do governo em 1859 e atribui significado excepcional à data. Segundo seu raciocínio, o Império atingiu o auge em 1859, consumindo, na segunda metade de sua vigência, a energia acumulada de 1831 a 1859. Honório Hermeto Carneiro Leão nasceu em 1801 e morreu em 1856. A conciliação não se resumiu, entretanto, a seu ministério, mas estendeu-se, segundo alguns autores, a seu sucessor Marquês de

EUCLIDES DA CUNHA E A ESTÉTICA DO CIENTIFICISMO **95**

Porque em 1860 houve o primeiro estalo naquela estrutura artificial. O ideal democrático apareceu, de golpe rejuvenescido, depois de um curso subterrâneo e misterioso. Nas eleições daquele ano o partido liberal levantou três nomes, que se completavam na variabilidade de seus destinos: Francisco Otaviano,[54] um mulato ateniense, romântico e idealista, cantava a volta triunfal das utopias; Teófilo Otoni,[55] impulsivo e rude, seria o detonador das expansões populares adormidas; e, maior do que ambos, Saldanha Marinho, destinava-se a um longo itinerário.[56] Eram os bate-

---

Olinda, cujo ministério teve início em 4 de maio de 1857. Pedro de Araújo Lima (1793-1870), Marquês de Olinda, foi regente do Império de 1838 a 1840. Membro do Partido Conservador, foi um dos chefes da Liga Progressista, em 1862, formada por conservadores moderados e liberais.

54 Francisco Otaviano de Almeida Rosa nasceu e morreu no Rio de Janeiro (1825-89). Diplomou-se em Direito na Faculdade de São Paulo (1845), foi jornalista, advogado, deputado, senador, diplomata, membro do Conselho do Imperador e do Conselho Diretor da Instrução Pública. Destacou-se como jornalista e político liberal. Ao se referir ao ano de 1857, Joaquim Nabuco (op. cit., t.2, livro III, cap.I, p.16) escreveu sobre Otaviano: "Quem tinha nessa época a pena de ouro, em nossa imprensa, era Francisco Otaviano, então em toda a facilidade, e já na madureza do seu brilhante talento de jornalista [de *O Correio Mercantil*]". E mais à frente: "Otaviano está nesse ponto em que o talento alcança o seu mais perfeito desenvolvimento: um pouco antes é ainda o verdor da mocidade, um pouco depois é o declínio. Por isso mesmo que ele sente em si qual seja a fase da mais completa expansão da individualidade, é que o culto da velhice em política lhe parece uma exageração, uma superstição fatal, um preconceito de que só pode resultar, à imagem dos que o governam, a decrepitude do corpo social" (Idem). Seu livro de poesia *Os cantos de Selma*, publicado em 1872, limitou-se a sete exemplares. É patrono da cadeira número 13 da Academia Brasileira de Letras.

55 Teófilo Benedito Otoni nasceu em 1807 na cidade do Serro, antiga Vila do Príncipe, Minas Gerais, e morreu no Rio de Janeiro, em 1869. Foi empresário, fundou a Empresa Colonizadora do Mucuri, político, participou da Revolução Liberal em Minas Gerais em 1842 e foi destacado agitador e líder popular. Fazia parte, com Francisco Otaviano, do setor mais *à esquerda* do Partido Liberal. Como biógrafo, escreveu *Notícia e história sobre a vida e as poesias de José Elói Otoni*. Expôs suas concepções políticas na "Circular dedicada aos srs. eleitores pela província de Minas Gerais", em 1860. A "circular" foi republicada, em 1930, em São Paulo, pelo "Estabelecimento Gráfico Irmãos Ferraz".

56 Joaquim Saldanha Marinho nasceu em Olinda, capitania de Pernambuco, em 1816, e morreu no Rio de Janeiro, capital federal, em 1895. Foi, durante o

96 JOSÉ LEONARDO DO NASCIMENTO

dores da era nova que chegava. O ideal irradiava. Nas Câmaras, um novo partido, com o nome sugestivo de "progressista", entalhava a ortodoxia monárquica, a despeito do caráter sacratíssimo que lhe dava a santíssima trindade conservadora, de Eusébio de Queiroz, Itaborai e Uruguai.[57] Na imprensa, a *A Atualidade*, de Pedro Luís,[58] Flávio Farnese[59] e desse Lafayette Rodrigues Pereira,[60] que ainda

---

Império, presidente das províncias de Minas Gerais (1865-67) e de São Paulo (1867-68), deputado-geral por cinco legislaturas e signatário do Manifesto Republicano de 1870. Assinava suas matérias jornalísticas utilizando o pseudônimo de Ganganeli. Foi um dos autores do anteprojeto da Constituição republicana de 1891 e senador pelo Distrito Federal de 1890 a 1895.

57 A mudança política de 1860 consistiu do ressurgimento do Partido Liberal, força política até então inferior aos Conservadores desde 1848. O Partido Conservador passava, também, por uma cisão com o afastamento paulatino dos "moderados", como Nabuco de Araújo e Marquês de Olinda, dos então denominados de "oligarcas" ou "vermelhos". A formação de uma liga composta por conservadores "moderados" e liberais estava na origem do Partido Progressista. Nas eleições de 1863, os progressistas saíram vencedores. Em 1864, foi constituído o Ministério Liberal, presidido por Zacarias de Góis. No entender de Joaquim Nabuco (op. cit., t.2, livro III, cap.II, p.47), a "oligarquia" representada por Itaboraí (Joaquim José Rodrigues Torres, 1802-72), Eusébio de Queirós (1812-68) e Visconde de Uruguai (Paulino José Soares de Sousa, 1807-66) governava o país desde 1837: "O Senado obedecia ao triunvirato Saquarema [designação dos Conservadores], Eusébio de Queirós, Itaboraí e Uruguai. Eles é que dirigiam a máquina [...] e governara o país, com curtas interrupções, desde 1837. Essa oligarquia chamada *vermelha* tinha o espírito de desconfiança contra todas as mudanças que pudessem afrontar o domínio que ela exercia [...] a conservação principal para eles era o governo em suas mãos".

58 Pedro Luís Pereira de Sousa nasceu em 1839 em Araruama, província do Rio de Janeiro, e morreu na cidade paulista de Bananal, em 1884. É considerado, juntamente com José Bonifácio, o moço, o iniciador do "hugoanismo épico" na literatura brasileira, que influenciou Castro Alves e Tobias Barreto. Bacharel em Ciências Jurídicas pela Faculdade de São Paulo, em 1860, Pedro Luís foi membro do Partido Liberal, poeta, jornalista, ministro de Estado e, em 1882, presidente da província da Bahia.

59 Flávio Farnese da Paixão nasceu em Serro, Minas Gerais, em 1836, e morreu no Rio de Janeiro em 1871. Diplomou-se em Direito na Faculdade de São Paulo (1856). Foi advogado, deputado-geral (1867-68) e redator dos periódicos impressos no Rio de Janeiro *A Atualidade* (1858-64), *Le Brésil* (1862-63) e *A República* (1870-71).

60 Lafayette Rodrigues Pereira nasceu em 1834, na vila de Queluz, hoje cidade de Lafayette, e morreu no Rio de Janeiro, em 1917. Formou-se na Faculdade de

EUCLIDES DA CUNHA E A ESTÉTICA DO CIENTIFICISMO **97**

refulge no cimo de uma velhice majestosa, agitava um ultraliberalismo visando corolários extremos. No próprio Senado, Nabuco – um nome que é um patrimônio nacional – aproveitava a cerimônia inaugural da estátua de D. Pedro I para afirmar que ela trazia antes a paga de serviços prestados do que a glorificação de um reinado.[61] E na ordem estética, até então ocupada pela grandeza castiça e impecável de Gonçalves Dias,[62] ou pela musa espartilhada de Maciel

---

Direito de São Paulo (1857), foi promotor público em Ouro Preto, capital da província de Minas Gerais. Fundou, com Flávio Farnese, em 1858, *A Atualidade*, órgão político de ideias progressistas, que contava com a colaboração de Pedro Luís e Bernardo Guimarães. Foi presidente das províncias do Ceará (1864) e do Maranhão (1867). Com a queda do Ministério Zacarias, em 1868, e a ascensão ao governo do Partido Conservador (Ministério Itaboraí), o grupo "radical" dos liberais fundou o Partido Republicano, expedindo o Manifesto de 1870 e criando o periódico *A República*. Lafayette assinou o Manifesto e colaborou no *A República*, porém, com o término do Ministério Conservador (1868-78) e a volta dos liberais ao poder, assumiu, no Ministério Sinimbu, a pasta da Justiça. Foi deputado, senador, presidente do Conselho, conselheiro de Estado, embaixador na primeira Conferência Panamericana em Washington. Publicou, com pseudônimo Labieno, no *Jornal do Comércio*, em 1899, artigos sob o título de *Vindiciae*, em que defendia Machado de Assis contra as críticas de Sílvio Romero. Foi membro da Academia Brasileira de Letras, assumindo a vaga de Machado de Assis.

61 José Tomás Nabuco de Araújo nasceu em Salvador, capitania da Bahia, em 1813, e morreu no Rio de Janeiro, em 1878. Foi deputado, senador pela província da Bahia, ministro da Justiça do Ministério da Conciliação e conselheiro de Estado. Euclides da Cunha refere-se ao discurso que Nabuco de Araújo pronunciou no começo de 1862, no momento da inauguração da estátua de Pedro I no Rocio, Rio de Janeiro. Joaquim Nabuco (Nabuco, op. cit., 1899, t.2, livro III, cap.IV, p.84, nota 1), na biografia de seu pai, reproduziu parte do discurso em uma nota de pé de página. Nabuco de Araújo procurou apagar o tom polêmico que envolveu a inauguração da estátua: "[...] essa estátua não significa a apoteose duma época política e transitória [...] não é a reação ou a contrarrevolução; não é a glorificação de um reinado [...] essa estátua é a memória dos dois grandes fatos nacionais – a Independência e a Constituição –, fatos em que o fundador do Império se associa com o Império que ele fundou".

62 Antônio Gonçalves Dias nasceu em Caxias, no Maranhão, em 1823, e morreu em um naufrágio, também no Maranhão, no Baixio dos Atins, em 1864. Filho de um comerciante português com uma índia mestiça ou cafuza. O pai abandonou a companheira, casou-se e levou consigo o menino. Em 1838, Gonçalves

98 JOSÉ LEONARDO DO NASCIMENTO

Monteiro,[63] passaram, abalando-a, num longo ruído de terremoto longínquo, os alexandrinos da *Mentira de bronze...*[64] Por fim, nas

---

Dias viajou para Portugal e, em 1840, começou a estudar Direito em Coimbra. Permaneceu na Europa até 1845. Foi poeta lírico, épico, dedicou-se a estudos linguísticos, etnográficos (publicou um *Dicionário de Língua Tupi*) e foi autor de peças de teatro (*Patkull, Beatriz Cenci, Leonor de Mendonça*). Em 1846, publicou *Primeiros cantos*, seguidos de *Segundos cantos* (1848), *Últimos cantos* (1851) e *Os timbiras* (1857). Publicou, também, em 1848, *Sextilhas de frei Antão*. Em 1849, foi nomeado professor de Latim e de História do Colégio Pedro II e fundou, com Joaquim Manoel de Macedo e Manuel de Araújo Porto Alegre, a revista *Guanabara*. Morreu no naufrágio do *Ville de Boulogne*, quando voltava da Europa para o Brasil.

63 Antônio Peregrino Maciel Monteiro, Barão de Itamaracá, nasceu no Recife, Pernambuco, em 1804, e morreu em Lisboa, Portugal, em 1868. Estudou em Olinda e doutorou-se em Medicina em Paris, em 1829. Foi deputado-geral (1836), ministro (1837-39) e diretor do curso jurídico de Olinda (1839-44). Também foi nomeado ministro plenipotenciário em Lisboa no ano de 1853. Sua poesia mais conhecida é o soneto que começa com o verso "Formosa, qual pincel em tela fina", publicado na *Miscelânea poética* (1853), de Elias Matos. Os dois últimos versos do soneto foram, no entanto, acusados de plágio: "Quem pode ver-te sem querer amar-te?/ Quem pode amar-te sem morrer de amores?!". Escreveu um soneto dedicado à cantora Candiani, que foi recitado no teatro de Santa Isabel do Recife em 1850. Seus poemas foram recolhidos em uma publicação póstuma, organizada por Regueira Costa e Alfredo de Carvalho, intitulada *Poesias* (1905).

64 Quando inaugurada no Rocio, em 1862, a estátua de D. Pedro I, a "mentira de bronze", Pedro Luís publicou no jornal *A Pátria*, de 30 de março de 1862, um poema em homenagem a Tiradentes. O Rocio, no Rio de Janeiro, fazia parte do Campo da Lampadosa, em que Tiradentes fora enforcado. A longa poesia "A sombra de Tiradentes" era um libelo indignado à entronização de Pedro I como libertador do Brasil. O início do poema descreve a cerimônia solene de inauguração de uma estátua no Rio de Janeiro e narra a expectativa popular de ver saudado em bronze o "Deus (Tiradentes) da liberdade (num) imenso pedestal", no mesmo local em que sofreu o martírio. Porém, quando se descobre o grande monumento: "Que aparece?/ Quem é esse cavaleiro/ Que no ímpeto guerreiro,/ Estende o braço vil?.../ Não é esse o heroico vulto,/ Que a história tanto apregoa/ E o povo inteiro abençoa/ Como o anjo do Brasil?/ Não é não!... Vergonha imensa!/ N'esta quadra corrompida/ Com a fronte envilecida,/ Sem glórias e sem pudor,/ O Brasil cruzando os braços,/ Dobra o joelho contrito,/ Ante a massa de granito/ Do primeiro imperador." Pedro Luís (Peixoto (Org.), *Dispersos*, 1934, p.11-8) opunha o "mártir", "o herói soberbo", "o filho da liberdade" "que pela pátria morreu" à figura do imperador representado no "bronze vil que a corte levantou". Antes do poema de Pedro Luís e da inauguração da estátua, Fagundes Varela, no poema "A estátua equestre",

praças, o espírito público desatava-se em rebeldias desde muito deslembradas, a propósito dos mínimos incidentes.

Foi o que sucedeu em 1863, por ocasião dos tumultos originados pelos salvados da barca *Prince of Wales*, e subsecutivas represálias da fragata inglesa *Forth*.[65]

Amotinou-se a multidão no Rio. Tomou-lhe a frente Teófilo Otoni. Um protesto violento arrebentou junto do trono: e o Ministério daquele Marquês de Olinda, que era de fato, uma espécie de vice-imperador, o "ministério dos velhos", num triste apagamento de sombras, as últimas sombras do passado, extinguiu-se, sulcado pela palavra de fogo de um tribuno...[66]

* * *

Ora, por aquele mesmo tempo, no mesmo ano, uma voz mais alta, mais nova e mais dominadora, se alevantou ao norte. E tinha

---

datado de outubro de 1861, assemelhava o desempenho político do primeiro imperador às "duras patas do corcel de bronze": "Pisa inda as turbas humilhadas, como/ As duras patas do corcel que montas,/ O chão do pedestal". A questão estendeu-se até a proclamação da República, com novos poemas sobre a "mentira de bronze" (Martins, *História da inteligência brasileira*, 1977, p.145-7).

65 Acontecimentos que ficaram conhecidos como "Questão Christie" e que, mais uma vez no século XIX, colocaram em confronto o Império brasileiro e a política britânica. Baseado em informações do cônsul britânico em Porto Alegre e do representante do governo britânico no Rio de Janeiro, Willian Christie, o governo inglês culpou o Brasil por saques cometidos a um navio britânico naufragado no Sul do país. A Inglaterra exigia indenizações, e a fragata Forte apresou embarcações brasileiras diante da Barra do Rio de Janeiro. O Império de Pedro II rompeu relações diplomáticas com a Inglaterra e retirou seu representante em Londres. A crise somente foi resolvida com o laudo favorável ao Brasil pelo rei Leopoldo da Bélgica.

66 A Questão Christie foi enfrentada pelo Ministério Olinda, denominado de *Ministério dos Velhos*. Entretanto, foi Teófilo Otoni quem liderou no Rio de Janeiro as manifestações populares antibritânicas, alcançando, então, popularidade que ameaçava o governo de Olinda. Euclides da Cunha repete as informações e segue as análises de Joaquim Nabuco (op. cit., t.2, livro III, cap.IV). Este não atribui, no entanto, a queda do Gabinete à agitação popular conduzida por Otoni.

100 JOSÉ LEONARDO DO NASCIMENTO

um ritmo, como o têm todas as forças criadoras da natureza. As energias sociais emergentes, nos vários aspectos que iam da ideia republicana ao sentimento abolicionista, desvendavam-se, afinal, como soem sempre aparecer as grandes aspirações sociais: imaginosas e vastas, a nascerem do vago e do impreciso das utopias – que recordam na ordem espiritual o vago e o amorfo das nebulosas de onde nascem os mundos – vibrando nas rimas soberanas de um poeta. A revivescência do espírito nacional completava-se, consoante a norma lobrigada pela intuição do filósofo: depois de um longo, de um profundo sono.[67] Aparecia o homem, que mais que todos lhe imprimiria o impulso inicial das emoções estéticas, sempre indispensáveis aos grandes acometimentos. Porque naquela palavra nova, por milagre de síntese, que a nossa afetividade às vezes efetua, suplantando as maiores generalizações científicas, conchavaram-se, de súbito, as grandes esperanças do futuro e os graves compromissos do passado. Refundiram-se os elos partidos e esparsos das nossas tradições: o cantor do *Livro e a América*[68] seria o mesmo idealista das *Vozes d'África*,[69] que eram a própria voz de uma raça inteira condenada, ressurgindo e ressoando nestes tempos, depois de três longos séculos silenciosos...

Não nos retardemos em palavras dilatórias armadas a mostrarem que nenhum de nossos poetas foi, tanto quanto Castro Alves, ainda mais oportuno, nascendo com o renascimento da sua terra.

---

67 Euclides da Cunha refere-se a uma concepção de Ernest Renan.

68 Esta poesia, que consta de *Espumas flutuantes*, de 1870, único livro de Castro Alves impresso durante a vida do poeta, foi recitada pela atriz Eugênia Câmara no teatro de São João, na Bahia, em 3 de agosto de 1867 e publicada no *Diário do Rio de Janeiro*, n.45, de 16 de fevereiro de 1868; nesta impressão traz a data "Bahia – 67". O poema indaga pelo caminho que a América deverá trilhar no "concerto universal" dos continentes e das nações. Diferentemente da Grécia, com seus templos dóricos; de Roma, com o poder de seus exércitos ("as espadas"); da Alemanha, com suas catedrais, a América marchará com os livros e com a imprensa. Castro Alves relembra o fato de que a América foi descoberta no século do aparecimento da imprensa. São célebres os versos de louvor aos livros: "Oh! Bendito o que semeia/ Livros... livros à mão cheia.../ E manda o povo pensar!/ O livro caindo n'alma/ É gérmen – que faz a palma,/ É chuva – que faz o mar".

69 *Livro e a América* e *Vozes d'África* em itálico no original.

Os sucessos sumariados dizem-no-lo por si mesmos. Está nesta circunstância a sua maior grandeza.

O que apelidamos grande homem é sempre alguém que tem a ventura de transformar a fraqueza individual, compondo-a com as forças infinitas da humanidade; e não sei de quem, como ele, entre nós, naquele tempo, tanto se identificasse com o sentimento coletivo, revivente, estimulando-o e aformoseando-o.

Se prolongássemos a pálida resenha histórica, anteriormente delineada, veríamos que aquele decênio de 1860-1870, em que tivemos até o diversivo espetaculoso de uma guerra externa,[70] foi, entre todos, o mais decisivo para os nossos destinos. E quando chegássemos ao ministério do Visconde do Rio Branco, que lhe prolongou as novas tendências renascidas até 1875 e, virtualmente, até quase a estes dias, constituindo-se o mais longo e fecundo dos governos parciais do Império,[71] não nos maravilharíamos que o lúcido estadista houvesse de ser, a um tempo, demolidor e reconstrutor: de um lado, dirigindo o primeiro assalto contra a escravidão;[72] entalhando, fundo, a ortodoxia católica;[73] e eliminando a justiça reacionária do

---

70 Guerra da Tríplice Aliança (Brasil, Argentina e Uruguai) contra o Paraguai (1864-70).

71 O ministério presidido por José Maria da Silva Paranhos (1819-80), Visconde do Rio Branco, estendeu-se de 7 de março de 1871 a 25 de junho de 1875. Paranhos teve grande projeção política no Império como deputado-geral, senador e ministro de quatro pastas (Estrangeiros, Marinha, Guerra e Fazenda), além de presidente de Conselho de Ministros.

72 Trata-se da Lei do Ventre Livre, que decretava a libertação de filhos de escravos nascidos após 28 de setembro de 1871. Havia, entretanto, uma nuança na lei: os filhos de escravos favorecidos pela lei ficariam sob a tutela dos senhores até a idade de 21 anos.

73 Referência à Questão Religiosa (1873-75), que opôs a Igreja Católica ao Estado. O bispo de Olinda, província de Pernambuco, D. Frei Vital Maria Gonçalves de Oliveira, ordenou que os fiéis ligados à maçonaria fossem expulsos das irmandades católicas, cumprindo assim uma exigência da encíclica *Syllabus* do papa Pio IX. Mas, como as determinações eclesiásticas deveriam contar no Brasil com o beneplácito do poder temporal, a decisão do bispo de Olinda foi tida como ilegal pelo Conselho de Estado. D. Vital negou-se a reconhecer a autoridade do governo para intervir no exercício de suas atribuições espirituais e recebeu o apoio do bispo do Pará, D. Antônio de Macedo Costa, que adotou as mesmas medidas em relação às irmandades maçônicas paraenses. Como o

102 JOSÉ LEONARDO DO NASCIMENTO

código russo de 1841;[74] de outro lado, normalizando as atividades; aviventando o desenvolvimento econômico; nivelando-nos à ciência contemporânea, com a reforma das escolas; golpeando o deserto com as estradas de ferro de penetração; e dando à unificação de nossas ideias, tão enfraquecida pelo espalharem-se em território vastíssimo, a base prática dos telégrafos, que irradiaram pelas províncias, enfeixando-se no Rio de Janeiro, onde, em 1874, o primeiro cabo submarino, atravessando o Atlântico, nos permitiu contar os mesmos minutos que a civilização.[75]

Porém desviarmo-nos-íamos sobremaneira firmando o travamento complicado, que prende às fantasias, tão na aparência subjetivas, de um poeta, essas admiráveis transformações, que se lhe figuram tão estranhas, ou contrapostas.

Nem direi de sua influência na plêiade de moços, seus contemporâneos, que ele transfigurou e dirigiu, libertando-a das prosaicas epopeias caboclas de Magalhães,[76] ou Porto Alegre,[77] do cândido

---

comportamento dos bispos incorria em ato de ilegalidade diante da Constituição do Império, foi decretada a prisão deles, fato que indispôs Igreja e Estado no Brasil. Com a saída do poder do Visconde do Rio Branco (25 de junho de 1875) e a ascensão à presidência do Conselho de Ministros do Duque de Caxias, os bispos foram anistiados.

74 Lei de 3 de dezembro de 1841, uma das deliberações que seguiram à proclamação da maioridade de Pedro II, que delegava atribuições judiciárias à polícia. A reforma do processo criminal, com a modificação da lei de 3 de dezembro, foi votada pelo parlamento em setembro de 1871.

75 Com o cabo submarino, as notícias chegariam do exterior pela rede telegráfica, não mais por cartas. Em 1874, a agência de notícias Reuters-Havas abriu uma sucursal no Rio de Janeiro.

76 Domingos José Gonçalves de Magalhães (Visconde de Araguaia) nasceu no Rio de Janeiro, em 1811, e morreu em Roma, na Itália, em 1882. É considerado o iniciador do Romantismo no Brasil, com o livro *Suspiros poéticos e saudades*, de 1836. Neste mesmo ano, participou, com Porto-Alegre e Sales Torres Homem, da publicação, em Paris, da revista *Niterói*. Escreveu, para o teatro, duas tragédias: *Antônio José* (1838) e *Olgiato* (1839). Publicou, em 1856, o poema épico *A confederação dos tamoios*, que desencadeou, a partir da crítica severa de José de Alencar, uma célebre polêmica, que contou com a participação do imperador, muito amigo de Magalhães.

77 Manuel de Araújo Porto-Alegre (Barão de Santo Ângelo) nasceu, em 1806, em São José do Rio Pardo, Rio Grande do Sul, e morreu em Lisboa, Portugal,

EUCLIDES DA CUNHA E A ESTÉTICA DO CIENTIFICISMO 103

erotismo do *Amor e medo*, ou do esplêndido romantismo exótico de Álvares de Azevedo[78] e seus epígonos.

Prefiro, adstrito à observação pessoal, apontar-vos o seu influxo na minha geração, que está envelhecendo, já pelos anos, já porque nenhuma mocidade foi, como ela, tão brutalmente jogada de uma academia para os planos de fogo das trincheiras, sofrendo as consequências das loucuras de alguns velhos.

Falo por mim. Eu fui um obscuro e pertinaz estudante de matemática. Quer dizer: precisamente quando mais adorável se nos mostra o quadro desta vida, e o seu vigor desponta da mesma ansiedade de viver, tive que contemplar o universo vazio e parado – apagadas todas as luzes, extintos todos os ruídos, desaparecidas todas as cousas, desaparecidas a própria matéria – de sorte que nessa abstração, a aproximar-nos do caos, permaneçam, como atrativos únicos, a *forma,* nos seus aspectos irredutíveis, e o *número* e sinais completamente inexpressivos. Pois bem; folheando, há pouco, os meus velhos cadernos de cálculo transcendente, onde se traçam as integrais secas e recurvas ao modo de caricaturas malfeitas, de esfinges, e onde o infinito, tão arrebatador no seu significado imaginoso, ou metafísico, se desenha, secamente, com um ∞, um oito deitado, um número que se abate, desenhando, de uma maneira visível, a fraqueza da nossa inteligência, a girar e a regirar, numa tortura de encarcerada, pelas voltas sem princípio e sem fim daquele

---

em 1879. Foi crítico de arte, historiador, poeta, teatrólogo e pintor. Iniciou-se no Romantismo literário por meio da leitura de Almeida Garret. Redigiu, com Domingos de Magalhães e Torres Homem, em Paris, a revista *Niterói* (1836). Lecionou na Academia de Belas Artes e fundou, com Gonçalves Dias e Joaquim Manuel de Macedo, a revista *Guanabara* (1849). A partir de 1858, serviu como diplomata em Berlim, Dresden e Lisboa. Escreveu para o teatro, em 1863, *Os lobisomens* e *A escrava*, e os livros de poesia *Brasilianas* (1863) e *Colombo* (1866).

78 Manuel Antônio Álvares de Azevedo nasceu em 1831, em São Paulo, e morreu no Rio de Janeiro, em 1852. Estudou no Colégio Pedro II, no Rio de Janeiro, e iniciou, em 1848, o curso de Direito em São Paulo; faleceu de tuberculose no quinto ano da faculdade. Durante a vida acadêmica, compôs sua obra de poeta lírico ultrarromântico, influenciado por Byron e Musset. Seu livro *Lira dos vinte anos* foi publicado postumamente, em 1853.

104 JOSÉ LEONARDO DO NASCIMENTO

triste símbolo decaído – deletreando aquelas páginas, salteiam-me singularíssimas surpresas.

Aqui, num breve espaço em branco, na trama dos riscos de uma coisa que se chama equações binomiais, e nunca mais vemos na vida prática, fulgura, iluminando a folha toda:

> *República ! voo ousado*
> *Do homem feito condor...*[79]

Além, enleada de sigmas, de alfas e de gamas cabalísticos, divisa-se

> *A catapulta humana – a voz de Mirabeau!*[80]

Mais longe, seguindo um ramo de parábola, no seu arremesso eterno para o infinito, estira-se

---

79 Versos da parte III da poesia "Pedro Ivo" publicada no volume *Espumas flutuantes*. Nas partes II e III do longo poema, é o revolucionário da Praieira (1848) que fala. A figura e a ação revolucionária de Pedro Ivo inflamaram as imaginações dos autores românticos brasileiros. Pedro Ivo de Veloso Silveira, nascido em Olinda, em 1811, foi líder da Praieira, tendo assaltado Recife em 1849. Derrotado em luta sangrenta nas ruas do Recife, teve sua cabeça posta a prêmio; refugiou-se no sertão, batendo-se, com alguns fiéis, contra as forças do governo. Entregou-se. Fugiu, em seguida, da prisão, em 1851, e embarcou para a Europa. Morreu durante a viagem; seu corpo foi lançado ao mar. Euclides da Cunha alterou, ligeiramente, os versos citados, cuja pontuação correta é: "República!... Voo ousado/ Do homem feito condor!". Antes de Castro Alves, Álvares de Azevedo escreveu, também, um poema de quinze estrofes de oito versos intitulado "Pedro Ivo": "Tinha sede de vida e de futuro;/ Da liberdade ao Sol curvou-se puro/ E beijou-lhe a bandeira sublimada:/ Amou-a como a Deus, e mais que a vida!/ – Perdão para essa fronte laureada!/ Não lanceis à matilha ensanguentada/ A águia nunca vencida!".

80 Versos de "Deusa incruenta – a imprensa", poema escrito como resposta à poesia *Terribilis dea*, de Pedro Luís Pereira de Souza. "Deusa incruenta" foi terminada em Salvador em 14 de outubro de 1870 e recitada, no dia seguinte ao da composição, no teatro de São João, por um amigo do poeta. Euclides da Cunha alterou a pontuação dos dois versos citados, cuja forma correta é: "A catapulta humana, a voz de Mirabeau!...".

EUCLIDES DA CUNHA E A ESTÉTICA DO CIENTIFICISMO **105**

O trilho que Colombo abriu nas águas [81]
Como um íris no pélago profundo![82]

Assim andávamos nós naqueles bons tempos: pela positividade em fora, e a tatear no sonho...

É que Castro Alves não era apenas o batedor avantajado dos pensamentos de seu tempo. Há no seu gênio muita coisa do gênio obscuro da nossa raça.

Os[83] que lhe denunciam nos versos a autoridade preponderante de Victor Hugo, esquece-lhes sempre que ela existiu sobretudo por uma identidade de estímulos. Não foi o velho genial quem nos ensinou a metáfora, o estiramento das hipérboles, o vulcanismo da imagem, e todos os exageros da palavra, a espelharem, entre nós, uma impulsividade e um desencadeamento de paixões, que são essencialmente nativos.

Somos uma raça em ser. Estamos ainda na instabilidade característica das combinações incompletas.[84]

E nesses desequilíbrios inevitáveis o que desponta na nossa palavra – irresistivelmente ampliada – parece-me, às vezes, ser o instinto, ou a intuição subconsciente, de uma grandeza futura incomparável.

---

81 Euclides da Cunha trocou a palavra "vagas" do poema por "águas". O correto é: "O trilho que Colombo abriu nas vagas".

82 Terceiro e quarto versos da última estrofe do Canto VI de "O navio negreiro".

83 Euclides escreveu "os", no lugar de "aos": "Aos que lhe denunciam...".

84 Em *Os sertões*, Euclides da Cunha contrapôs a noção biológica de raça à de raça histórica, retomando o argumento já apresentado no ensaio "O Brasil no século XIX", publicado em *O Estado de S. Paulo*, em 1899, e republicado em *À margem da história* (1909) com o título "Da independência à República". Considerava, em *Os sertões*, que um tempo longo de vida independente seria fundamental para que o Brasil constituísse uma raça própria, por meio de longo processo reiterado de miscigenação. Somente assim a nação brasileira seria constituída e poderia alcançar a civilização. O veredicto euclidiano ganhava em *Os sertões* cores apocalípticas: "Não temos unidade de raça. Não a teremos, talvez, nunca. Predestinamo-nos à formação de uma raça histórica em futuro remoto, se o permitir dilatado tempo de vida nacional autônoma. Invertemos, sob este aspecto, a ordem natural dos fatos. A nossa evolução biológica reclama a garantia da evolução social. Estamos condenados à civilização. Ou progredimos, ou desapareceremos" (Cunha, *Os sertões*, 1981, p.145).

106 JOSÉ LEONARDO DO NASCIMENTO

Eu poderia recitar-vos um sem conto de trovas sertanejas, onde as metáforas e as alegorias, e até as antíteses, se acumulam, alguma vez belíssimas, e detonam e fulguram, sempre a delatarem uma amplificação, o eterno aspirar por um engrandecimento; e uma afetividade indefinidamente avassaladora e crescente.

E não já nas quadras, em que os bardos roceiros têm o estimulante dos desafios recíprocos, senão na trivialidade do falar comum, exprimindo os atos mais vulgares, desde o nosso *caipira*, que, ao procurar em qualquer cômodo exíguo um objeto, nos diz, num largo gesto, que está *campeando*, como se o rodeassem os sem-fins dos horizontes vastos; até ao cabra destabocado do norte, que ao relatar o incidente costumeiro da dispersão de uma ponta de gado na caatinga, brada estrepitosamente, que o *boiadão estourou num despotismo ribombando no mundo...*

A par disto, o refluxo natural das apatias, inventando-se a *modinha* para embalar a tristeza e a preguiça dos matutos. Não vo-las descreverei, redizendo-me.[85] Fora enlearmo-nos todos, sem efeito compensador, na trama inextricável das raízes gregas dos presuntuosos neologismos etnológicos. Exponho-vos o que coligi de observações diretas. Por uma felicidade rara, calcei, há muito, umas velozes "botas de sete léguas", que me tornaram arredio das cidades, perdido, esquivo e errante no meio dos nossos simples patrícios ignorados. Conheço-os de perto. Vi-os na quietude de suas vidas primitivas. Vi-os na batalha. Atravessei com eles belos dias de lutas heroicas e sem glória nas campanhas formidáveis e obscuras do deserto. E sempre os vi num oscilar enorme, entre as suas tendências discordes, exageradas todas.

E quando releio o lírico suavíssimo da *Volta da Primavera*, da *Adormecida*, desse surpreendente poema de duas páginas, *O Hóspede*, e dos *Murmúrios da tarde*, ou do *Gondoleiro do Amor* – , que é o próprio vidente arrebatado da *Ode ao Dois de Julho*, das déci-

---

85 Em *Os sertões*, o autor descreve a sucessão de vitalidade e apatia no comportamento sempre extremado do sertanejo. Até mesmo sua aparência física é antitética à energia de suas ações no meio hostil em que vive: "O sertanejo é, antes de tudo, um forte. [...] A sua aparência, entretanto, ao primeiro lance de vista, revela o contrário. [...] É desgracioso, desengonçado, torto" (Ibid., p.179).

EUCLIDES DA CUNHA E A ESTÉTICA DO CIENTIFICISMO 107

mas que imortalizaram *Pedro Ivo*, da *Deusa Incruenta*, ou do *Coup d'étrier*,[86] e vou, de um salto, das páginas por onde os versos vão derivando, docemente,

como as plantas que arrasta a correnteza,[87]

---

86 Quase todos os poemas citados nesse parágrafo são do livro *Espumas flutuantes*, com exceção de "Deusa incruenta", do volume *Hinos do Equador*. Afrânio Peixoto reuniu os versos esparsos de Castro Alves sob o título de *Hinos do Equador*, cumprindo, segundo suas palavras, o desígnio do poeta. "Deusa incruenta – a imprensa" foi uma resposta antitética de Castro Alves ao poema "Terribilis dea – impressões de Riachuelo", de Pedro Luís, publicado no jornal *O Ipiranga*, de São Paulo, n.168, de 14 de março de 1869. Pedro Luís louvava a vitória do almirante Barroso sobre os paraguaios na batalha naval do Riachuelo (11 de junho de 1865). O poema é uma espécie de hino à "deusa do sepulcro", da guerra, "a pálida rainha", que no poema ressurge ao lado de Barroso no Riachuelo: "Ela estava também – espectro pavoroso –/ Do *Amazonas* a bordo, ao lado de Barroso,/ De pólvora cercada, em pé sobre o convés.../ Quando, à voz do valente, o monstro foi bufando,/ Calados os canhões, navios esmagando,/ A deusa varonil de amor caiu-lhe aos pés!...". Castro Alves contrapôs à "deusa do sepulcro", uma nova divindade, pacífica, "a diva do Ocidente", "a consciência do mundo", capaz de atemorizar "o sátrapa, o chacal, a tirania, o crime, o abutre, o antro, o mocho, o erro, a escravidão", a imprensa. Na *Antologia poética*, de Castro Alves, Manuel Bandeira compara as primeiras estrofes dos dois poemas, da seguinte maneira: "Quem quiser ver a diferença que existe entre o homem inteligente que sabe fazer versos e um poeta genuíno, compare as estrofes iniciais de 'Terribilis dea' e de 'Deusa incruenta'. Pedro Luís começa: 'Quando ela apareceu no escuro do horizonte,/ O cabelo revolto... a palidez na fronte...'. Agora o baiano: 'Quando ela se alteou das brumas da Alemanha,/ alva, grande, ideal, lavada em luz estranha...'. 'Alva, grande, ideal...' Três adjetivos, três simples adjetivos. Mas é a personagem de corpo inteiro e transfigurada, e verdadeiramente 'lavada em luz estranha'. Esse, o 'prisma fantástico', o valor irredutível no domínio da poesia dessa criança de gênio, que em seu tempo encarnou e exprimiu o sentimento de seu povo" (Bandeira, Apresentação à obra. In: Alves, *Antologia poética*, 1975, p.11). "Deusa incruenta" traz como data de composição 14 de outubro de 1870 e foi recitada no dia seguinte no teatro de São João, na Bahia, por um amigo do poeta.

87 Verso de "O 'adeus' de Tereza" de *Espumas flutuantes*, que traz assinatura do autor datada de São Paulo, 28 de agosto de 1868. O verso citado é o segundo da primeira estrofe: "A vez primeira que eu fitei Tereza,/ Como as plantas que arrasta a correnteza,/ A valsa nos levou nos giros seus.../ E amamos juntos... E depois na sala/ 'Adeus' eu disse-lhe a tremer co'a fala.../ E ela corando, murmurou-me: 'adeus'." O poema "Teresa", de Manuel Bandeira, publicado em *Libertinagem* (1930), faz uma releitura poética de "O 'adeus' de Tereza" de

para as rimas furiosas, que se entrebatem e estalam e estrepitam

com o estampido estupendo das queimadas![88]

estou em que Castro Alves foi também altamente representativo da nossa raça.

Por isso mesmo não teve medida, consoante nos ensinaria qualquer crítico reportado e sabedor.

E não podia tê-la, porque nunca se isolou de seu meio. De ordinário, quando se trata da vida exterior de Castro Alves, episodiam-se, longamente, os seus triunfos nos salões, ou nos teatros da época, onde lhe prefulgia a beleza varonil realçada pela glória nascente. Ou então a rivalidade boêmia com aquele extraordinário Tobias Barreto, que sendo mestiço se tornaria mais brasileiro do que o poeta baiano, se a sua veemente alma tropical não resfriasse sob as duchas enregeladas de quatro ou cinco filosofias da Alemanha.[89]

Espumas flutuantes. As diferenças de fatura artística entre um poeta modernista e um romântico ficam nítidas já na comparação do primeiro verso de cada um dos poemas. O verso de Bandeira ("A PRIMEIRA VEZ que vi Teresa") é marcadamente coloquial em sua estrutura sintática ("primeira vez" no lugar de "vez primeira"), no emprego da linguagem cotidiana, como, por exemplo, a substituição do verbo "fitar" pelo "ver", e na diminuição do número de sílabas métricas do verso, com a ocultação do sujeito "eu". Bandeira utilizou, também, o recurso gráfico do emprego de letras maiúsculas na abertura do verso, conferindo ambiguidade à primeira impressão que lhe causou Teresa, a qual foi, paradoxalmente, ruim.

88 Poema "A queimada" publicado no livro *Os escravos*. Euclides da Cunha citou o quarto verso da terceira estrofe: "A floresta rugindo as comas curva.../ As asas foscas o gavião recurva,/ Espantado a gritar./ O estampido estupendo das queimadas/ Se enrola de quebradas em quebradas/ galopando no ar". Percebe-se que a citação acrescentou a palavra "com", inexistente no original de Castro Alves.

89 Tobias Barreto de Meneses nasceu em Campos, província de Sergipe, em 1839, e morreu em Recife, Pernambuco, em 1889. Em 1864, matriculou-se na Faculdade do Recife, onde se formou em 1869. Durante esse período, conviveu com Castro Alves. De 1871 a 1881, foi advogado na cidade de Escada, interior de Pernambuco, onde militou no jornalismo, escrevendo artigos em alemão. Em 1882, tornou-se professor da faculdade em que se formou. Seus versos foram reunidos, em 1881, no volume *Dias e noites*, com prólogo escrito

EUCLIDES DA CUNHA E A ESTÉTICA DO CIENTIFICISMO   109

E agitam-se, a propósito, algumas anedotas inexpressivas e graciosas, em que se entrouxam as saias de Eugênia Câmara[90] e a túnica da mulher de Putifar. Não nos percamos por aí.

por Sílvio Romero, que organizou, ainda, depois da morte do poeta, as edições de *Dias e noites* da Imprensa Industrial do Rio de Janeiro, de 1893, e da Editora Laemmert, também do Rio, de 1903. Tobias Barreto foi o chefe de fila da "Escola do Recife", cujo arauto foi, sobretudo, Sílvio Romero. O crítico literário e historiador da literatura José Veríssimo, adversário de Romero, via como muito discutível a importância cultural de Tobias Barreto e a eficácia de seus propalados conhecimentos de filosofia alemã. Na *História da literatura brasileira*, publicada em 1916, Veríssimo pondera que Barreto deveria ter sido o único germanista em Escada, além de, com ironia, apodá-lo de Cristo, de cujo São Paulo foi Sílvio Romero: "[...] a ação de Tobias Barreto [...] operou-se mediante os seus discípulos imediatos, dos quais um ao menos, o sr. Sílvio Romero (S. Paulo de quem Tobias é o Cristo), teve considerável influência na juventude literária dos últimos vinte anos do século passado" (Veríssimo, *História da literatura brasileira*, 1954, p.289). Para Sílvio Romero, entretanto, nas poesias de Tobias Barreto avultavam um "senso crítico", um "tino filosófico", um "seguro saber das letras clássicas latinas e esse ingênito faro de finura estética que não abandona jamais o homem genuinamente do povo, o filho autêntico das classes sertanejas", que o afastavam "de muitas extravagâncias que andam a afeiar as páginas de seu grande e justamente admirado êmulo [Castro Alves]" (Romero, *Discurso pronunciado aos 18 de dezembro, por ocasião da recepção do Dr. Euclides da Cunha*, 1907, p.6). No segundo volume de *História da literatura brasileira*, publicado em 1888, Sílvio Romero dedica 134 páginas (p.1248-382) a Tobias Barreto e somente 17 (p.1383-400) a Castro Alves. Para Romero, foi Tobias o iniciador, de fato, do Romantismo "condoreiro" no Brasil. Euclides da Cunha refere-se, na passagem acima, à oposição do germanismo cultural de Tobias Barreto a seu brasileirismo "mestiço". De outro lado, José Veríssimo, na *História da literatura brasileira*, escreveu que o comportamento de Tobias Barreto revelava os "estímulos desencontrados de mestiço impulsivo e malcriado" (op. cit., p.275). O ponto de vista de Veríssimo sobre o *mestiço* é, nesse livro de 1916, semelhante ao de Euclides de *Os sertões*, de 1902, que assim escreveu sobre o "mulato, mamaluco ou cafuz": "espíritos fulgurantes, às vezes, mas frágeis, irrequietos, inconstantes, deslumbrando um momento e extinguindo-se prestes, feridos pela fatalidade das leis biológicas, chumbados ao plano inferior da raça menos favorecida" (Ibid., p.175).

90 Eugênia Infante da Câmara nasceu em Lisboa, Portugal, em 1837, e morreu no Rio de Janeiro, em 1879. Castro Alves conheceu-a e tornou-se seu amante no Recife, em 1866. Em 1868, mudaram-se para o Sul do país, e ele se matriculou no terceiro ano da Faculdade de Direito de São Paulo. No fim desse mesmo ano, deu-se a ruptura com a atriz portuguesa, que o abandonou por outro homem.

110 JOSÉ LEONARDO DO NASCIMENTO

Há outras mais acomodadas ao nosso intento. Conta-no-las o Dr. Regueira Costa – que para felicidade minha acertei de encontrar numa das escalas desta carreira errante, quando passei em Recife, e cujo belíssimo coração, é todo ele um relicário guardando a memória saudosa do poeta, de quem foi extremosíssimo amigo.[91] A ele ouvi eu que Castro Alves não engenhava o melhor de suas apóstrofes revolucionárias na placidez de um gabinete de trabalho. Agia com todo o ardor de que é capaz um propagandista. Assim, foi o presidente de uma das primeiras sociedades abolicionistas que houve no Brasil, reunindo, em 1866, na cidade do Recife, em torno do programa libertador, a maioria dos estudantes da Faculdade de Direito, onde se destacavam Augusto Guimarães,[92] Plínio de Lima[93] e um predestinado, Rui Barbosa.[94]

As décimas fulminantes nem sempre as concebia no cauteloso encerro de certos demiurgos, que abalam tronos, desconjuntam sólios, aluem instituições, viram sociedades pelo avesso, alarmam a polícia e põem o Universo em polvorosa, manipulando os raios de seus pontos de admiração e o sombrio cariz de suas tempestades de sílabas, muito pacificamente engrimponados num tamborete alto, de bruços na secretaria bem arrumada. Saltaram-lhe, muita vez,

---

91 Trata-se de João Batista Regueira Costa, colega de Castro Alves na Faculdade de Direito do Recife e seu amigo. Há informações sobre Regueira Costa, mais à frente, nas notas e nos esclarecimentos feitos pelo próprio Euclides da Cunha e que acompanham a publicação da conferência como Apêndice.

92 Augusto Álvares Guimarães foi colega de Castro Alves na Faculdade de Direito do Recife e, mais tarde, seu cunhado. Fundou, com Castro Alves, Plínio de Lima e Rui Barbosa, uma sociedade abolicionista em 1866.

93 Plínio Augusto Xavier de Lima nasceu em Caetité, na Bahia, em 1847, e morreu na mesma cidade, em 1873. Diplomou-se em Direito na Faculdade do Recife, em 1871. Seus poemas foram reunidos no volume póstumo *Pérolas renascidas* (1928).

94 Rui Barbosa de Oliveira nasceu em Salvador, Bahia, em 1849, e morreu em Petrópolis, Rio de Janeiro, em 1923. Estudou nas faculdades de Direito do Recife e de São Paulo e diplomou-se em 1870. Foi deputado-geral em 1879, destacando-se no parlamento com a elaboração da nova lei eleitoral (1881). Também foi ministro da Fazenda do governo provisório da República, jurisconsulto, jornalista, orador e escritor. Teve destacada participação na Conferência Internacional de Haia, em 1907, sendo por isso cognominado de "Águia de Haia".

de improviso, num ângulo de esquina, num centro de praça, num camarote de teatro, ou no balcão de uma janela repentinamente aberta, enquadrando-lhe de improviso, a formosa figura de girondino, diante da multidão revolta e fascinada. E na grande maioria se perderam. Apaziguado o tumulto, os que lh'as haviam escutado e aplaudido mal conservavam raros versos, os mais impressionadores, longamente esparsos como estilhas de granadas.

Observe-se, contudo,[95] esta circunstância: recolhiam-se e rememoravam-se os mais vivos, digamos melhor, os mais gongóricos, ou "condoreiros", vibrados com ímpeto tal que os estampasse para sempre na própria rudeza do espírito popular. Assim, no final de uma conferência republicana, que houve, por volta de 1867, na capital de Pernambuco, quando o povo se espalhava, desparzido a patas de cavalo, o poeta procurou sobrestar as cargas policiais, vibrando rimas violentas, que principiavam:

> *A praça, a praça é do povo*
> *Como o céu é do condor!*[96]
> *[...]*

Vede como aí o revolucionário sacrificou o lírico. Tais versos fá-los-ia um qualquer improvisador sertanejo, qualquer dos nossos caipiras, ou piraquara do litoral, ou capixaba espírito-santense, ou tabaréu baiano, ou guasca largado do Rio Grande, com o só excluir-se daquele condor que nenhum deles viu, nem verá.

Entretanto, embora não se encontrem nos livros do poeta, ficaram. Porque a ele não lhe bastava o haver deslocado para a sua pátria os elevados pensamentos políticos do tempo; senão que os

---

95 No original, "contudo" não está entre vírgulas.

96 Esses conhecidos versos de Castro Alves compõem o poema "O povo ao poder". O poema nasceu de um improviso como resposta à violência policial que tentava dissolver um encontro republicano no Recife, promovido pelo tribuno Antônio Borges da Fonseca, em 1865. Três meses depois do incidente, em 18 de dezembro, o poema foi publicado no jornal republicano de Borges da Fonseca, *O Tribuno*, e, mais tarde, recolhido no livro *Hinos do Equador*.

112 JOSÉ LEONARDO DO NASCIMENTO

apresentava com um fino tato de propagandista, por maneira a gravá-los, incisivamente, para sempre, na alma da multidão.

E aquele abnegar-se a si próprio, aquele abdicar de si todas as vantagens de um cômodo isolamento, para ir sofrer de perto o contágio da índole ainda revolta, ou desequilibrada, da sua raça; aquele tornar-se, porque assim o digamos, intérprete, entre os maiores ideais de toda a cultura humana e a consciência nascente de seu país – contribuíram, notavelmente, a que se criasse a nota exagerativa dos versos formadores de seu maior renome, apagando-se, ou empalidecendo, a maioria de outras criações, porventura mais valiosas, de um lirismo admirável...

É que somos, ainda, sobre todos os outros, o povo das esplêndidas frases golpeantes, das imagens e dos símbolos.

***

Não indaguemos se isto é um bem, ou um mal. Talvez um mal.

Há um lance de grave substância, em que se irmanam o espírito apercebido das maiores generalizações, e o senso mais comum e terra à terra. Nele se dão os braços o filósofo complicado e o burguês simplesmente cauteloso e solerte: Augusto Comte[97] e Simão de Nantua.[98] É o que nos diz que nesta vida, em qualquer dos rumos percorridos, quer nas pesquisas da ciência, quer na contemplação artística, quer nos inumeráveis aspectos da ordem prática, devemos submeter a nossa imaginação à nossa observação, porém de modo que esta não anule aquela; isto é, que os fatos, reunidos pela ciência, não se agreguem numa pesada e árida erudição, e só nos tenham a valia que se

---

97 Augusto Comte (Montpellier, 1798-Paris, 1857).

98 Euclides refere-se ao personagem criado pelo escritor francês Laurent de Jussieu. O livro *História de Simão de Nantua ou mercador de feiras* ganhou, em 1828, o concurso promovido pela Sociedade Francesa de Instrução Elementar, que oferecia um prêmio de mil francos à obra que ensinasse, aos homens de todas as condições, as máximas da moral cristã e da prudência social. O livro, logo traduzido para o português, foi publicado em Lisboa, em dois volumes, em 1830. Contou, ainda, com uma segunda edição portuguesa em 1834 e uma terceira em 1837.

EUCLIDES DA CUNHA E A ESTÉTICA DO CIENTIFICISMO **113**

derive de suas leis; que os modelos, ou objetos do nosso descortino artístico, não se submetam em tanto extremo à ordem material, que nos extingam o sentimento profundo da natureza, apequenando- -nos num raso realismo; e que as exigências utilitárias da vida práti- ca, o ansiar pelo sucesso, a nobre vontade de vencer com os recursos que crescem, a subir, desde a riqueza até ao talento, não rematem fechando-nos o coração e exsicando-nos o espírito, deixando-no- -los sem as fontes inspiradoras da afetividade e das nossas fantasias.

Nem místicos, nem empíricos...

Ora, das palavras anteriores pode inferir-se o conceito de que nos andamos ainda muito abeirados do misticismo, fora da media- na norteadora entre a existência especulativa e a existência ativa. A emoção espontânea ainda nos suplanta o juízo refletido. Somos uma raça romântica. Mas romântica no melhor sentido desta pala- vra proteiforme, que é definida de mil modos, e ajusta-se às incon- táveis nuanças do sentir humano, de sorte a passar-se dos lenços en- charcados de lágrimas, de não sei quantos deliquescentes prantivos, para a ironia lampejante das páginas de Henrique Heine.[99]

Romântica no significado heroico de uma crença exagerada em nossas faculdades criadoras, a despontar da consciência instintiva de nosso gênio, que nos arrebata sobre as barreiras da razão teó- rica, fazendo que falsifiquemos a realidade, para torná-la maior, glorificando-a.

E, sendo assim, o que seria um mal, como forma definitiva do caráter, pode ser um bem na fase transitória que estamos ultiman- do. Porque desta guisa nasceram e se embalaram nos primeiros dias todas as nações estáveis, com uma missão definida no destino geral da humanidade.

O Romantismo, no sentido superiormente filosófico, traduzin- do as máximas temeridades dos espíritos no afeiçoarem o próprio

---

99 Heinrich Heine, poeta lírico e publicista alemão, nasceu em Düsseldorf, em 1797, e morreu em Paris, em 1856. A partir de 1831, estabeleceu-se em Paris e colaborou com diversos jornais e periódicos como a *Revista dos dois mundos* e os *Anais franco-alemães,* de Karl Marx e Arnold Ruge. Publicou, em 1844, *Novas poesias.*

mundo exterior a um vasto subjetivismo – nasceu na Alemanha. Ora, a Alemanha é hoje um modelo impecável de uma nação prática e fecunda, utilitária e mais que todas aparelhada de lúcido discernimento dos melhores recursos que nos oferece a ordem objetiva: o seu comércio bate nesta hora nos mares o primado tradicional do comércio inglês; e a sua indústria, desde a rude indústria das minas à indústria química e às maravilhas da eletricidade, abriu à força, arrombando-as, as portas de todos os mercados.

Pois bem, esta Alemanha, que nos assusta mais com as suas usinas que com as suas casernas, nasceu de um sonho.

Há na história um homem que reduz Bismarck:[100] é Fichte.[101] O rígido e ríspido chanceler, irrompendo, retardatário nestes dias; com o seu tremendo tradicionalismo feudal; e as suas fórmulas governamentais, curtas, secas e rijas como pranchadas; e a sua irritante glorificação da força física; e a sua pasmosa curteza intelectual, tão restrita que nunca logrou resolver um só dos árduos problemas que se lhe antolharam, sem o confiar à fortuna traiçoeira das batalhas – era diminuto demais para construir um povo.

Acima da unidade política germânica, desenhada, a tira-linhas e a régua, nas cartas do estado-maior prussiano, existe uma coisa mais alta – a unidade moral da Alemanha. E esta, certo, não a encontrareis nas sangueiras de Sadowa[102] e de Sedan.[103] Vem de mais longe. Desponta toda ela de uma expressão dúbia, cheia de mistérios, que se chamou "idealismo transcendente", e era a elaboração imaginosa e estranha de uma filosofia natural sem a natureza, a

---

100 Otto Eduard Leopold Bismarck nasceu em Schoenhausen, Magdebourg, em 1815, e morreu em Friedrichsruh, em 1898. Euclides da Cunha refere-se ao guerreiro da unificação alemã, realizada ao cabo de três guerras vencidas pela Prússia – contra a Dinamarca, a Áustria e a França.

101 Escrito, no original, de maneira errada "Fitche". Johann-Gottlieb Fichte nasceu em Rammenau, em 1762, e morreu em Berlim, em 1814. Recebeu grande influência do pensamento de Kant, foi professor de Filosofia em Iena e na Universidade de Berlim, da qual foi também reitor.

102 Batalha em que a Prússia venceu a Áustria, em 1866, e a expulsou da Confederação Germânica.

103 Batalha em que a Prússia venceu o exército francês, em 1870, e forçou a capitulação de Napoleão III.

harmonia do consciente e do inconsciente, o desatar-se indefinido dos espíritos ante a emoção vaga e maravilhosa do Infinito...

Por aqueles tempos aparecia um homem a propagar um exagero que negacearia o riso ao mais rombo crítico de agora: a soberania absoluta da arte. Era Frederico Schlegel.[104] Para ele a inspiração romântica era sem termos: nada poderia existir acima da fantasia arbitrária do poeta.

E foi à luz desse idealizar incomparável que se eliminou o pernicioso cosmopolitismo de um país até aquela quadra sem fisionomia, feito um acervo incoerente de ducados – orientando-se a corrente tradicionalista e erigindo-se, com o patriotismo, um espírito nacional.

Não vo-lo direi como. Nem há quem no-lo explique bem.

Na própria matéria, tão mais simples, tão passiva às nossas experiências, tão a toda hora sujeita aos nossos arbítrios, por maneira que até no bronze podemos estampar para sempre um pouco da nossa alma, ou um traço imperecível dos nossos erros, na própria matéria nos sobressalteia o mistério. O mais frio, o mais arguto, o químico mais pertinaz, ao cabo de cinquenta anos de laboratório, entre reativos e retortas, não nos explica o que ele chama força catalítica; nem nos diz por que motivos vários corpos, que permanecem sempre indiferentes uns aos outros, por mais que se misturem e sobre eles reajam todos os agentes físicos mais demorados e fixos – só se combinam, de pancada, explodindo, à passagem instantânea de um simples raio de luz...

Assim vai passando, talvez, pelas camadas humanas a irradiação miraculosa da alma dos poetas; assim passou, talvez, pelas camadas profundas da nossa *gens* complexa, a idealização transfiguradora do nosso extraordinário sonhador.

***

---

104 Charles Guillaume Frédéric Schlegel nasceu em Hanover, em 1772, e morreu em Dresden, em 1829. Romancista, poeta e sábio, foi um dos promotores do Romantismo alemão. Seu livro mais significativo é *Lucinda*, romance publicado em 1799, em que o autor procurou demonstrar que uma sensualidade elevada, refinada pelo culto da beleza, deve ser o ideal do homem.

116 JOSÉ LEONARDO DO NASCIMENTO

Senhores. Temos mudado muito. Partiu-se nos últimos tempos o sequestro secular, que nos tornava apenas espectadores da civilização. A nossa política exterior conjugou-se com a internacional. O descortino dilatado de um estadista, depois de engrandecer-nos no espaço, engrandeceu-nos no tempo.[105] Na última conferência de Haia, [106] o velho Mundo[107] escutou, surpreendido, uma palavra de excepcional altitude.[108]

---

105 José Maria da Silva Paranhos, Barão do Rio Branco, filho do Visconde do Rio Branco, nasceu e morreu no Rio de Janeiro (1845-1912). Foi membro da Academia Brasileira de Letras e presidente do Instituto Histórico e Geográfico do Brasil. Foi ministro das Relações Exteriores de 1902 (início do governo de Rodrigues Alves) a 1912 (governo de Hermes da Fonseca). Euclides da Cunha, no momento em que fazia essa conferência sobre Castro Alves (1907), trabalhava sob a direção de Rio Branco no ministério das Relações Exteriores. Rio Branco nomeara-o, em 1904, chefe da delegação que comporia com a delegação do Peru os estudos sobre as cabeceiras do Alto Purus. A finalidade da missão era ajustar a fronteira entre Brasil e Peru, como resultado da incorporação do Acre ao território brasileiro. Euclides escreveu, também, sobre a questão do Acre o livro *Peru versus Bolívia* (1907), em que advoga, contra o Peru, o direito da Bolívia sobre as terras cedidas ao Brasil pelo Tratado de Petrópolis (1903).

106 Sem vírgula no original.

107 Foi mantida a maiúscula do original.

108 Rui Barbosa foi o embaixador do Brasil na Conferência de Haia de 1907. Embora Euclides da Cunha, na passagem acima, faça aparentemente um elogio a Rui Barbosa, em uma de suas cartas a Domício da Gama, datada de 15 de agosto de 1907, do Rio de Janeiro, escreveu que as ideias apresentadas por Rui em Haia eram, de fato, de autoria do Barão do Rio Branco: "Continuo a aproximar-me [do Barão do Rio Branco] sempre tolhido, e contrafeito pelo [...] culto respeitoso. Conversamos; discutimos; ele franqueia-me a máxima intimidade – e não há meio de poder eu considerá-lo sem as proporções anormais de homem superior a sua época. Felizmente ele não saberá nunca este juízo, que não é somente meu – senão que se vai generalizando extraordinariamente. [...] A sua influência moral, hoje, irradia triunfalmente pelo Brasil inteiro. Os efeitos da conferência de Haia – onde Rui Barbosa teve o bom senso de reproduzir-lhe o pensar – consagraram-lhe definitivamente o prestígio". (Galvão; Galotti (Org.), *Correspondência de Euclides da Cunha*, 1997, p.335). O ponto de vista público de Euclides, expresso em uma conferência para alunos da Faculdade de Direito de São Paulo, está visivelmente ambíguo, ao passo que é inequivocamente claro o julgamento do mesmo fato comunicado a alguém de suas relações pessoais. Na carta a Domício, Euclides elogia o bom-senso de Rui Barbosa em reproduzir o pensamento do Barão do Rio Branco. As opiniões divergiam sobre o triunfo de Rui Barbosa na Conferência de Haia, conforme as simpatias de cada um. Uns atribuíam as razões do sucesso a Rui; outros, ao barão. Na conferência

EUCLIDES DA CUNHA E A ESTÉTICA DO CIENTIFICISMO **117**

Penso que seremos em breve uma componente nova, entre as forças cansadas da humanidade.

E, se isto suceder, se não for uma miragem esta visão do futuro; se chegarem, de fato, os novos tempos que se anunciam, em que nos tornaremos mais solidários com a evolução geral, dando-lhe o melhor da nossa afetividade originária e a fortaleza vivificante do nosso idealismo nativo – então a modestíssima "herma",[109] alevantada ao mais intrépido dos nossos pioneiros do ideal, germinará estátuas: há de avultar, maior, no rejuvenescimento da nossa terra, como avulta nas vossas almas de moços, a figura escultural do poeta, que deveis admirar sempre como hoje o admirais, quaisquer que sejam os vossos desapontamentos futuros inevitáveis, ou os rigorismos da vossa existência prática, porque esta admiração exige se conservem despertos todos os alentos que, em geral se nos vão a pouco e pouco amortecendo no fundo do nosso espírito trabalhado; e é quase um meio de enganar-se o tempo e manter-se longamente, a mocidade.

Euclides da Cunha

Notas e esclarecimentos

I) ... o mesmo idealista das Vozes d'África, que eram a própria voz de uma raça inteira... (p.100)

A este propósito considere-se que Antonio de Castro Alves desde o princípio da adolescência teve a preocupação superior dos destinos da raça espoliada. Os primeiros versos, talvez, que escreveu e publicou no n. 1 do periódico acadêmico *Primavera*, de 19 de maio de 1863, têm um título expressivo: "A canção do africano". O poeta dos escravos, que nascera em março de 1847, estava então à volta dos 16 anos.[110]

---

sobre Castro Alves, Euclides da Cunha preferiu ser obscuro quanto a sua opinião, evitando participar do debate e desagradar partidários de um e de outro.

109 "Herma" está entre aspas no original.

110 Informação retirada do livro *Estudos pernambucanos* (Carvalho, 1907, p.236).

118 JOSÉ LEONARDO DO NASCIMENTO

II) *A figura de Diogo Feijó,... (p.91)*

Entre os monumentos glorificadores do passado, que vão erigindo-se em nossas praças faltam, por uma coincidência curiosa, as estátuas de dois padres; a de Anchieta, que realizou, entre os seus maiores milagres, o de nos reconciliar com os Jesuítas; e a de Diogo Feijó, que nos reconcilia com o regime monárquico, porque lhe deu a admirável missão histórica de garantir, por meio da unidade política, energicamente firmada, a unidade nacional, que vacilava.

III) *... a rivalidade boêmia com aquele extraordinário Tobias Barreto,... (p.108)*

Nos seus "Estudos Pernambucanos", Alfredo de Carvalho revela vários casos desta feição acessória do poeta.[111] Quando ainda não estavam estremecidas as suas relações com Tobias Barreto, achando-se Castro Alves no teatro de Santa Isabel, onde ambos assistiam a um espetáculo em benefício do violinista Muniz Barreto, pediu um mote a Tobias, a propósito do talento musical do precoce maestro; e poucos momentos depois assomava ele a um camarote, recitando o primoroso soneto:

Era no céu, à luz da lua errante...[112]

Que era a glosa do mote dado, havia pouco, por Tobias Barreto

No teu arco prendeste a Eternidade![113]

---

111 Ibid., p.230-2.

112 O poema de Castro Alves, que nasceu do improviso no teatro Santa Isabel, tem como título "Ao violinista F. Moniz Barreto Filho": "Era no céu, à luz da Lua errante,/ Moema triste, abandonando os lares,/ Cindia as vagas dos cerúleos mares/ Te erguendo ao longe, ó peregrino infante!/ Lá dos jardins sob o vergel fragrante,/ A sombra dos maestros, sobre os ares,/ Ouvia das estrelas os cantares/ – Aves de ouro no espaço cintilante./ Mas quando o gênio teu se alteia aflito,/ Da alabastrina luz à claridade,/ Lançando flores, lá do céu proscrito,/ Pasma Bellini; e em meio à imensidade/ Diz a lua suspensa no infinito:/ "No teu arco prendeste a eternidade".

113 Sílvio Romero, em *História da literatura brasileira*, reproduziu o poema de Tobias Barreto feito em homenagem ao violinista Moniz Barreto Filho. O poema,

EUCLIDES DA CUNHA E A ESTÉTICA DO CIENTIFICISMO **119**

Mais interessante foi o improviso com que Castro Alves respondeu aos versos de Tobias, quando este, no mesmo teatro, procurando elevar o merecimento da artista, de cujo partido era chefe, se atirou contra o seu colega, dirigindo-lhe as insinuações ferinas contidas nos seguintes versos:

> *Sou grego, não me embriago*
> *Nos banquetes de Friné.....*[114]

"Apanhando a luva que se lhe lançara e em saudação a outra atriz (Eugênia Câmara) a quem daquele modo Tobias ofendia, Castro Alves não se demorou em responder-lhe, atirando-lhe em represália:

> *Sou hebreu, não beijo as plantas*
> *Da mulher de Putífar....*[115]

Aludindo à diva do poeta, que era casada com um ator da companhia".[116]

---

que também nasceu de um improviso no teatro Santa Isabel, foi intitulado "Ao rabequista Moniz Barreto Filho". Tobias escreveu em uma das estrofes do poema: "Pura, como o respiro da inocência,/ Sai das cordas a voz evapora-da,/ Que se espalha no ar, como uma essência/ De flor querida, ou de mulher amada...". (Romero, *História da literatura brasileira*, 1888, p.1304).

114 Sílvio Romero, em *História da literatura brasileira*, reproduziu, inteiramente, a estrofe de Tobias: "Sou grego, pequeno e forte/ Das forças do coração,/ Vi de Sócrates a morte,/ E conversei com Platão.../ Sou grego, gosto das flores,/ Dos perfumes, dos rumores;/ Mas minha alma inda tem fé.../ Meus instintos não esmago,/ Não sonho, não me embriago/ Nos banquetes de Friné!...". (op. cit., p.138). Escreve "Friné", no lugar de "Frineia", para rimar com "fé". História da cortesã grega, que posou nua para Praxítele (artista do século IV a.C.), que esculpia uma imagem da deusa Afrodite. Segundo a lenda, Frineia foi acusada por Eutias de comportamento imoral e julgada pelo Areópago de Atenas. O defensor de Frineia, Hipérides, deixou-a nua na frente do tribunal, ostentado a beleza deslumbrante de seu corpo, fato que propiciou sua absolvição. Olavo Bilac, no livro *Sarças de fogo* (1888), dedicou um longo poema a "O julgamento de Frineia".

115 Passagem do Gênesis do Antigo Testamento, que se refere à tentativa de sedução de José, o hebreu, pela mulher de seu senhor, Putífar, chefe da guarda do faraó. Ao contrário da poesia de Tobias Barreto, que figura nos *Dias e noites*, perdeu-se o improviso de Castro Alves (Carvalho, op. cit., p.232).

116 Trata-se da atriz portuguesa Adelaide Amaral, que nasceu em Ponta Delgada, Açores, em 1834, e morreu no Rio de Janeiro, em 1889. A passagem de Adelaide

120 JOSÉ LEONARDO DO NASCIMENTO

IV) ... um relicário guardando a memória saudosa do poeta, (p.110)

O Dr. João Baptista Regueira Costa, que assiste na cidade do Recife, é, talvez, o último dos nossos velhos românticos. Conserva, intactas, numa velhice encantadora, muitas ilusões de uma juventude brilhante, extinta há quarenta anos.

A afeição que lhe dedicava Castro Alves era fraternal e profunda.

Delatam-na numerosíssimos lances das cartas do poeta, que extratamos quase ao acaso:[117]

... "Meu simpático amigo. Perguntas-me na tua última carta se estou ofendido contigo... Ninguém se fere no veludo...

... Enfim escreve-me longamente. Em mim a preguiça é proverbial; mas em ti, magno criminalista, em ti, é absurdo. Eu sou um *lazaroni*;[118] tu és um Troplong.[119] Sê, pois *trop long*...[120]

... "Manda-me a *Parisina*[121] e tudo o que tens escrito aí nessa boa terra das inspirações, do romantismo, dos meus sonhos da

---

por Recife suscitou a célebre rivalidade com Eugênia Câmara, da qual participaram Tobias Barreto e Castro Alves.

117 Carvalho, op. cit., 1907, p.226-9.

118 Indivíduo ocioso, preguiçoso.

119 Ao contrário dos outros termos que compõem o trocadilho (*lazaroni* e *trop long*), "troplong" não está grafado em itálico. Euclides da Cunha copiou essas palavras do original dos *Estudos pernambucanos* de maneira desatenta. Na reprodução da carta de Castro Alves no livro de Alfredo de Carvalho está escrito "Lazarone" e não *lazaroni* e somente *trop long* está em itálico. "Troplong": possível referência ao "long", dragão do céu na mitologia sino-nipônica. Considerando o advérbio francês "trop", o poeta define o amigo Regueira como um demasiado, um excessivo "dragão do céu".

120 Significado possível do conjunto das palavras que formam o trocadilho (lazaroni/ troplong/ trop long): eu sou um ocioso (*lazaroni*), por isso não te escrevo, seja um grande dragão celestial pleno de energia (*troplong*) e escreva-me longamente (*trop long*).

121 Castro Alves deve aludir ao livro de poesias orientais de Byron, *Parisina*, imaginado que Regueira Costa deva estar produzindo uma obra semelhante à do poeta inglês.

EUCLIDES DA CUNHA E A ESTÉTICA DO CIENTIFICISMO **121**

Boêmia,[122] do meu país Latino,[123] das minhas loucuras e dos meus amores. Quero ler Byron[124] e Lamartine[125] na melodiosa toada de tuas estâncias..."[126]

V) *Agia com todo o ardor de que é capaz um propagandista.* (p.110)

Aos casos enunciados podem aditar-se as décimas "que improvisou de uma das janelas da rua do Imperador, no Recife, indignado pela atitude fraca da autoridade policial na questão Ambrósio Portugal,[127] em que ele exclama:

> *A lei sustenta o popular direito.*
> *Nós sustentamos o direito em pé...*
> (*Estudos pernambucanos*, de Alfredo de Carvalho).[128]

É mais um exemplo do quanto do poeta se apeava, voluntariamente, de seu lirismo majestoso para nivelar-se à compreensão do povo.

---

122 Maiúscula no original.

123 Maiúscula no original.

124 George Gordon Byron nasceu na Inglaterra, em 1788, e morreu na Grécia, em 1824. Foi um dos poetas essenciais para a primeira geração romântica brasileira.

125 Alphonse Marie Louis de Prat de Lamartine nasceu em Mâcon, França, em 1790, e morreu em Paris, em 1869. Abordou, em sua produção literária, uma gama variada de gêneros: poesia lírica, história, ensaios, narrativas de viagem, autobiografia. Sua antologia de poemas líricos *Harmonias poéticas e religiosas* foi publicada em 1830, e o poema *Jocelyn*, em 1836. Em 1847, publicou *História dos girondinos*. Participou ativamente da Revolução de 1848 como chefe do governo provisório.

126 No original, as aspas não foram fechadas.

127 Manuel Ambrósio da Silveira Torres Portugal nasceu no Ceará e estudou em Recife (1865-69). Foi deputado-geral (1886) e senador estadual durante a República. O episódio, que teve grande repercussão na corte, ocorreu em abril de 1866. Cf. Calmon, *História de Castro Alves*, 1947, p.144-5.

128 Carvalho, op. cit., 1907, p.235.

VI) ... *sobre todos os outros, o povo das esplendidas frases golpeantes, das imagens e dos símbolos...*[129] (p.112)

Relato, como exemplo, este incidente expressivo:

Há dois anos, num entardecer de julho, eu chegava, com os restos de uma comissão exploradora, à foz do Cavaljani, último esgalho do Purus, distante 3.200 quilômetros da confluência deste último no Amazonas; e tão perdido naquelas solidões empantanadas que nenhuma carta o revelava.

Éramos nove apenas: eu, um auxiliar dedicadíssimo, o Dr. Arnaldo da Cunha, um sargento, um soldado, e cinco representantes de todas as cores reunidos, ao acaso, em Manaus.

E ali chegáramos absolutamente sucumbidos. A nossa comissão dispersara-se, coagida pelas circunstâncias: naufragáramos em caminho; e os salvados da catástrofe mal bastariam àquele reduzido grupo de temerários. De sorte que ao atingirmos aquela estância remota já nos íamos, há dias, num terrível quarto de ração, de resto de carne-seca e restos de farinha, que eram o nosso desespero e a nossa única salvação, sem nenhum outro gênero atenuando-nos a dieta inaturável.

Para maior desdita os empecilhos à marcha cresciam com o avançamento; maiores à medida que diminuíam os recursos. O rio, cada vez mais raso, quase estagnado nos *estirões*[130] areentos, ou acachoando em corredeiras intermináveis, requeria trabalhos crescentes e verdadeiros sacrifícios.

Já não se navegava: as duas pesadas canoas de itaúba iam num arrastamento a pulso, como se fossem por terra; e os remos, ou os varejões transformavam-se em alavancas, numerosíssimas vezes, para a travessia dos trechos mais difíceis. Ao descer das noites, os homens, que labutavam todo o dia, metidos na água, sem um trago de aguardente, ou de café, que lhes mitigasse aquele regímen

---

129 Euclides desenvolveu uma teoria sobre a existência de uma correspondência entre a poética de Castro Alves e o falar do caipira e do sertanejo brasileiros.

130 Em itálico no original.

EUCLIDES DA CUNHA E A ESTÉTICA DO CIENTIFICISMO   **123**

bruto, acampavam soturnamente. Mal se armavam as barracas. Na antemanhã seguinte, cambaleantes e trôpegos – porque as areias do rio navalhando-lhes a epiderme punham-lhes os pés em chagas – retravavam, desesperadamente, a luta da subida do rio que não se achava mais, tão extenso, tão monótono, tão sempre o mesmo, na invariabilidade de suas margens, que tínhamos a ilusão de nos andarmos numa viagem circular: abarracávamos; decampávamos; e ao fim de dez horas de castigo parecíamos voltar à mesma praia, de onde partimos, numa penitência interminável e rude...

Contrastando com esta desventura, a comissão peruana, que acompanhávamos, estava íntegra, bem abastecida, robusta. Não sofrera o transe de um naufrágio. Eram vinte e três homens válidos, dirigidos por um chefe de excepcional valor.

Assim, todas as noites, naquelas praias longínquas, havia este contraste: de um lado, um abarracamento minúsculo e mudo, todo afogado na treva; de outro, afastado apenas cinquenta metros, um acampamento iluminado e ruidoso, onde ressoavam os cantos dos desempenados *cholos* loretanos.[131]

A separação entre os dois era completa. As relações quase nulas: a altaneria castelhana, herdada pelos nossos galhardos vizinhos, surpreendia-se ante uma outra, mais heroica, do exíguo agrupamento miserando, altivamente retraído na sua penúria, e timbroso em ultimar a sua empresa, como a efetuou, sem dever o mínimo, ou mais justificável auxílio, ao estrangeiro que lhe associara.

Mas ao chegar naquela tarde à foz do Cavaljani, considerei a empresa perdida. Palavras soltas, de irreprimível desânimo, e até apóstrofes mal contidas, de desesperados, fizeram-me compreender que ao outro dia só haveria um movimento, o da volta vertiginosa, rolando pelos estirões e cachoeiras que tanto nos custaram vencer, acabando-se os nossos esforços numa fuga.

---

131 A palavra "cholos" não está em itálico no original. "Cholo": termo originário da costa noroeste do Peru; designa o mestiço do europeu (espanhol) com o ameríndio. Loreto: região do Peru, cuja capital é Iquitos. A região passou, de 1880 a 1912, pelo *boom* da economia da borracha. Os "cholos lorentanos" são os mestiços da região de Loreto.

Os meus bravos companheiros rendiam-se aos reveses. Atravessei, em claro, a noite.

Na manhã seguinte procurei-os na tentativa impossível de os convencer de mais um sacrifício.

Acocoravam-se à roda de uma fogueira meio extinta; e receberam-me sem se levantarem, com a imunidade de seu próprio infortúnio.

Dois tiritavam de febre.

Falei-lhes. A honra, o dever, a pátria e outras magníficas palavras, ressoaram longamente, monotonamente.

Inúteis. Permaneceram impassíveis.

Quedei-me, inerte, em uma tristeza exasperada.

E como a aumentá-la, notei, dali mesmo, voltando-me para a direita que os peruanos se aprestavam à partida.

Desarmavam-se as barracas; reconduziam-se para as ubás ligeiras os fardos retirados na véspera. Em pouco, os remos e as *tanganas*[132] compridas, alteados pelos remeiros, fisgavam vivamente os ares...

E atravessando pelos grupos agitados, um sargento – passo grave e solene, como se estivesse em uma praça pública à frente de uma formatura – cortou perpendicularmente a praia, em rumo a canoa do chefe, tendo ao braço direito, perfilada, a bandeira peruana, que deveria içar-se à popa da embarcação.

De fato, em chegando, hasteou-a. Passava um sudoeste rijo. O belo pavilhão vermelho e branco desenrolou-se logo, todo estirado, ruflando...

E acudiu-me a ideia de apontar aquele contraste aos companheiros abatidos. Mas ao voltar-me não os reconheci. Todos de pé. A simples imagem do estandarte estrangeiro, erguido triunfal, como a desafiá-los, galvanizara-os. Num lance, sem uma ordem, precipitaram-se os aprestos da partida. Em segundos, a nossa ban-

---

132 Em itálico no original. A palavra "tangana" deve, pelo que indica o dicionário de língua espanhola, vir de "tángano", ramo seco de árvore. Euclides deve estar se referindo às varas feitas de lenho seco.

deira, que jazia, enrolada, em terra, aprumou-se por seu turno em uma das canoas, patenteando-se aos olhos

as promessas divinas da esperança![133]

E partimos, retravando, desesperadamente, o duelo formidável com o deserto...

---

133 Verso do Canto VI de "O navio negreiro". Euclides trocou as reticências originais do fim do verso pelo ponto de exclamação. O conteúdo do verso fica mais claro sendo acompanhado dos versos anteriores de sua estrofe: "Auriverde pendão de minha terra,/ Que a brisa do Brasil beija e balança,/ Estandarte que a luz do sol encerra/ E as promessas divinas da esperança.../".

APÊNDICE C

Euclides da Cunha pronunciou, em 2 de dezembro de 1907, a conferência sobre Castro Alves no Centro Acadêmico XI de Agosto. Dois dias depois, foi recebido na Faculdade de Direito "debaixo de calorosos vivas e palmas", segundo informações de *O Estado de S. Paulo*, pelos lentes, pela diretoria do "Centro" e pelos alunos – ocasião em que "percorreu todo o edifício" da escola e ouviu um discurso proferido "no salão nobre" pelo estudante Antão de Souza Moraes, que foi reproduzido pelo jornal.

Euclides da Cunha na Faculdade de Direito de São Paulo

O Sr. Euclides da Cunha

O nosso ilustre colaborador dr. Euclides da Cunha, que veio realizar a conferência sobre Castro Alves a convite do "Centro Acadêmico Onze de Agosto", visitou ontem a Faculdade de Direito.

Recebido à entrada debaixo de calorosos vivas e palmas, o ilustre escritor percorreu todo o edifício em companhia de alguns lentes, da diretoria do "Centro" e de inúmeros alunos.

No salão nobre o distinto visitante foi saudado pelo acadêmico Antão de Souza Moraes, que pronunciou o seguinte discurso:

"Esta mocidade que vos rodeia, sr. dr. Euclides da Cunha, não pode recalcar o entusiasmo ardente que lhe despertaram as vossas admiráveis esculturas literárias, esses monumentos talhados no mármore da mais elevada de todas as artes, em cuja composição houve por bem comprazer-se a irrequieta atividade literária de que é, como V. Exa., um dos mais extraordinários artistas, que já hajam algum dia perlustrado as letras pátrias.

Se alguém, com efeito, em nosso meio pensante, cujo valor mais facilmente se tenha imposto à reverência de todas as competências e às vibrações de todas as almas, esse homem é certamente Euclides da Cunha, o diletíssimo esposo da Arte, que para logo, ao aparecer d'*'Os Sertões'*, conquistou as culminâncias no cenário da nossa literatura.

'Sertões'! Quem há ali que ainda não tenha percorrido essas páginas quentes e convulsionadas, por cujas linhas como se presente a sacra influição do nume divino, lampejando na esplendorosa prodigalidade de uma imaginativa brilhante, e comunicando-nos à alma um pouco dessa estuante nervosidade artística, que se lhe percebe caracteristicamente? Quem há que se não tenha rendido de emoções inteiramente inéditas e fortes ao contato desse prodigioso sapador de um dos mais belos e personalíssimos estilos de que haja memória nas tradições da língua portuguesa? Quem não se maravilha ao influxo poderoso desse estilo movimentado, exuberante e másculo através de cuja bravosidade borboleteiam os silfos da mais requintada fantasia e repululam aqui e ali as graças de um vocabulário surpreendente?

E na leitura de vossos livros gloriosos, sr. dr. Euclides da Cunha, o que desde logo ressalta aos olhos do leitor fascinado, é o invencível horror com que refulgis ao lugar comum, aos truísmos baratos em cujas malhas se enredam todas as mediocridades, mas de que se imunizam os mágicos da prosa, que conseguem burilar na incude da Arte essas joias primorosas que hoje, nos opulentam, o escrínio literário: os 'Sertões' e os 'Contrastes' e 'Confrontos'.

Não apenas, porém, como artista senão também como homem de ciência, pondo ao serviço da Pátria os vossos profundos conhecimentos profissionais e as luzes de vossa aprimorada erudição, tendes feito jus ao melhor dos nossos aplausos. E, se nestas rápidas palavras de saudação, alguma coisa vos pudesse a Mocidade dizer, melhor, muito melhor do que em minhas palavras, seria emprestado ao genial orador pátrio aquele juízo tão aplicável a V. Exa., de que sois uma dessas 'entidades' privilegiadas, saliências audazes, que, infringindo as leis do altecimento gradual, deixou abaixo de si o ambiente contemporâneo para elevar a fronte até à atmosfera de outra idade."

Pelo noturno o dr. Euclides da Cunha regressou para o Rio.[1]

---

1 *O Estado de S. Paulo*, quinta-feira, 5 dez. 1907, ano XXXIII, n.10.589, p.3.

APÊNDICE D

"Antes dos versos" é o título do prefácio feito por Euclides da Cunha para o livro *Poemas e canções*, de Vicente de Carvalho, editado em São Paulo por Cardoso Filho, em 1908. O poeta, que nasceu na cidade de Santos, em 1866, e morreu em São Paulo, em 1924, é um dos representantes do parnasianismo brasileiro. *Poemas e canções* não foi seu primeiro livro – já havia publicado *Rosa, rosa de amor* pela Laemmert, em 1902. Euclides da Cunha foi patrono da candidatura de Vicente de Carvalho para a Academia Brasileira de Letras e, pelo que se denota de suas cartas, grande amigo do poeta santista. De fato, as cartas de Euclides demonstram, com minúcias, sua militância em prol da candidatura do escritor. Graças a seu empenho, Vicente de Carvalho foi eleito para a Academia em 1º de maio de 1909. Na primeira edição de *Poemas e canções*, a apresentação de Euclides ocupa onze páginas numeradas com algarismos romanos. Os algarismos arábicos foram reservados para as páginas dos poemas. Fecham o volume, como anexo, algumas notas, escritas por Vicente de Carvalho, distinguidas ou separadas por letras maiúsculas (de A até H), que contêm informações sobre os poemas, sobre a oposição do autor às regras ortográficas formuladas em 1907 pela Academia Brasileira de Letras, sobre datas em que as poesias foram escritas. Na nota D, por exemplo, há informações sobre a fonte de

132 JOSÉ LEONARDO DO NASCIMENTO

inspiração do poema "Fugindo ao cativeiro". O assunto teria sido retirado de dois episódios dramáticos, noticiados pelos jornais em 1887, ocorridos durante a fuga de escravos das fazendas de café do Planalto Paulista para o quilombo do Jabaquara, em Santos.

Antes dos versos

Aos que se surpreendem de ver a prosa do engenheiro antes dos versos do poeta, direi que nem tudo é golpeantemente decisivo nesta profissão de número e diagramas. É ilusório o rigorismo matemático imposto pelo critério vulgar às formas irredutíveis da verdade. Baste atender-se em que o objetivo das nossas vistas teóricas está no descobrir uma simplicidade que não existe na natureza; e que desta nos abeiramos, sempre indecisos, já tateantes, por meio de aproximações sucessivas, já precipitadamente, fascinados pela miragem das hipóteses. A própria unidade das nossas mais abstratas construções é enganadora. Nos últimos trinta anos – nesta matemática tão, ao parecer, definitiva – idearam-me não sei quantas álgebras, através de complicados simbolismos; e no número de geometrias elementares, como no-lo mostra H. Poincaré,[1] é hoje, logicamente, incalculável. Ainda mais: na mesma geometria clássica sabe-se como se definem pontos, retas e planos, que não existem ou se reduzem a conceitos pré-estabelecidos sobre que se formulam postulados arbitrários. Continuando: vemos a mecânica basear-se, paradoxalmente, no princípio da inércia universal, e instituir a noção idealista do espaço absoluto, em contradição com tudo quanto vemos e sentimos.

Destarte se constrói uma natureza ideal sobre a natureza tangível. Ilude-se a nossa incompetência para abranger a simultaneidade

---

1 Jules Henri Poincaré, matemático francês, nasceu em Nancy, em 1854, e faleceu em Paris, em 1912. Interessado por todos os domínios da Matemática e da Física conhecidos na época, consagrou seu últimos escritos à Filosofia da Ciência. Em *A ciência e a hipótese*, livro de 1902, faz um exame crítico dos princípios da mecânica clássica. Em 1906, publicou *O valor da ciência*.

EUCLIDES DA CUNHA E A ESTÉTICA DO CIENTIFICISMO **133**

do que aparece, por meio de processos vários nos nomes pretensiosos, mas na essência perfeitamente artística, porque consistem em exagerar os caracteres dominantes dos fatos, de modo a facultar-nos uma síntese, mostrando-no-los menos como eles são do que como deveriam ser. Assim nós vamos – idealizando, conjeturando, devaneando. Na astronomia resumem-se as leis conhecidas menos imperfeitas; no entanto à medida em que ela encandeia os mundos, vai libertando-nos a imaginação.[2] Os mais duros experimentadores sonham neste momento aos clarões indecisos das nebulosas, vendo abrir-se em cada estrela incandescente um vasto laboratório onde trabalham os químicos da terra descobrindo surpreendentemente aspectos da matéria... Prosseguimos, idealizando flagrantemente a física, com a estrutura subjetiva de sólidos e fluidos perfeitos, e sistemas isolados, e até singularíssimos fios inextensíveis, de todo em todo inexistentes; e romanceando a química definida pelo simbolismo imaginoso da arquitetura atômica de seus corpos simples, irreais.

---

2 Euclides da Cunha emprega, ao longo deste prefácio, noções sobre as ciências desenvolvidas pelos *Cursos de filosofia positiva* de Augusto Comte. A partir de 1826, Comte ministrou, em sua casa, uma série de lições sobre filosofia positiva, que foram, mais tarde, publicadas em seis volumes, de 1830 até 1842. De todas as obras de Comte, foram os *Cursos* que provocaram menos controvérsias entre seus discípulos e nos quais ele apresentou, de maneira coerente e sistemática, sua concepção da mudança histórica. Um dos pilares da filosofia comtiana, os *Cursos* desenvolveram ideias já esboçadas em publicações anteriores do filósofo. As noções de religião da humanidade, com o cortejo de figuras sagradas, eram, então, estranhas ao pensamento de Comte. Os *Cursos* apresentam a classificação enciclopédica das ciências e têm por finalidade o estabelecimento da sexta e última ciência, a sociologia. O vocábulo "sociologia" é um neologismo criado e utilizado por Comte na 47ª lição dos *Cursos*. A sociologia debruça-se, segundo ele, sobre "o estudo positivo do conjunto das leis fundamentais próprias aos fenômenos sociais" (Comte, *Physique sociale. Cours de philosophie positive*, 1975, p.80), de todos os fenômenos os mais complicados, porque submetidos às determinações das leis das cinco ciências anteriores, a começar pelas leis dos fenômenos astronômicos. As transformações dos fenômenos sociais contariam, quando comparadas com as mudanças dos demais fenômenos, com um grau de previsibilidade menor.

Até que na físico-química, recém-instituída e já intensamente iluminada pela percepção transubstancial dos raios X,[3] admitamos todas as utopias do misticismo transcendental dos alquimistas, e não nos maravilhemos de que os pensadores mais robustos estonteiem e delirem como faquires esmaniados, vendo improvisamente, resplandecer no radium[4] a alma misteriosa da matéria...

Assim nos andamos nós – do realismo para o sonho, e deste para aquele, na oscilação perpétua das dúvidas, sem que se possa diferenciar na obscura zona neutral alongada à beira do desconhecido, o poeta que espiritualiza a realidade, do naturalista que tateia o mistério.

Apeamo-nos então, acobardados dessas presuntuosas cogitações. Encouchamo-nos, tímidos, no esconderijo de uma especialidade. Constringimos a alma. Moralizamos rasamente a vida, evitando a grande embriaguez dionisíaca da Vida. Renuímos às fantasias perigosas: utilitarizamo-nos... E ao cabo de tamanho esforço, para descermos até o fastígio da maciço senso comum conservador e timorato – vemos com espanto[5] que mesmo na terra à terra da atividade profissional, todas as asperezas das nossas fórmulas empíricas e os traços rigorosos dos tira-linhas ainda se nos sobredoiram de um recalcitrante idealismo.

No pedaço de carvão de pedra, que acendemos na fornalha de uma locomotiva, reacendemos muitos raios de sol extintos há milênios. A locomotiva parte, e não concretiza apenas o mito poético de Faetonte. O que mais nos encanta é a imagem fulgurante da Força, renascendo e restaurando ao mesmo passo os esplendores de tantas auroras apagadas...

Pelas vigas metálicas de nossas pontes, friamente calculadas, estiram-se as "curvas dos momentos", que nos embridam as fra-

---

3 Raios de origem elétrica capazes de atravessar substâncias opacas, provocar a iluminação de certos corpos e impressionar chapas fotográficas. Foram descobertos por Guilherme Conrado Röntgen, em 1895.

4 Elemento caracterizado por uma emissão intensa de raios radioativos, descoberto em 1899, por Pierre Curie, Marie Curie e Gustave Bémont.

5 Tem vírgula no original.

EUCLIDES DA CUNHA E A ESTÉTICA DO CIENTIFICISMO   135

gilidades traiçoeiras do ferro. E ninguém as vê, porque são ideais. Calculamo-las; medimo-las; desenhamo-las – e não existem...

E assim por diante – indefinidamente, em tudo o que fazemos e em tudo o que pensamos, ainda, quando lançamos na trilha heroica da profissão vamos pulsear no deserto as dificuldades e os perigos... Porque quando nos vamos pelos sertões em fora, num reconhecimento penoso, verificamos, encantados, que só podemos caminhar na terra como os sonhadores e os iluminados: olhos postos nos céus, contrafazendo a lira, que eles já não usam, com o sextante, que nos transmite na harmonia silenciosa das esferas, e seguindo no deserto, como os poetas seguem na existência,

... a ouvir estrelas![6]

Vede quanto é falso o prejuízo da esterilidade das coisas positivas. Em pleno critério determinista somos talvez mais sonhadores do que nos tempos em que ao ingênuo finalismo teológico bastavam duas sílabas para descrever as maravilhas da Criação. Numa intimidade mais profunda com o mundo exterior, a nossa idealização aumenta de um modo quase mecânico. Estira-se-nos na visão deslumbrada. Alarga-se-nos nos novos quadros reveladores das imagens infinitas da natureza. E à medida que se nos torna mais claro o sentimento das energias criadoras que nos circulam, e vai eliminando-se do nosso espírito o velho espantalho da *discórdia dos elementos*,[7] de que tantos se apraziam os deuses vagabundos, e nos sentimos mais equilibrados, mais fortes, mais solidários com a har-

---

6 Euclides da Cunha faz referência direta a um dos sonetos que compõe o poema "Via Láctea", de Olavo Bilac. O autor reproduz um trecho do primeiro verso do soneto de número XIII, cuja primeira estrofe é muito conhecida na literatura brasileira: "Ora (direis) ouvir estrelas! Certo/ Perdeste o senso! E eu vos direi, no entanto,/ Que, para ouvi-las, muita vez desperto/ E abro as janelas, pálido de espanto...". O conjunto de poemas de "Via Láctea" foi publicado em 1888 no volume *Poesias*. Olavo Brás Martins dos Guimarães Bilac nasceu no Rio de Janeiro, em 1865, e morreu na mesma cidade, em 1918.

7 Em itálico no original.

136 JOSÉ LEONARDO DO NASCIMENTO

monia natural – maior se torna a fonte inspiradora do nosso idealismo, fortalecido por impressões mais dignas da majestade da vida.[8]

Se tivéssemos dúvidas a este respeito, no-las dissiparia o próprio espetáculo da última fase revolucionária da poesia contemporânea, caracterizada pelo contraste entre a decadência dos que a falseiam e a expansão do sentimento estético da humanidade. Realmente, o que se afigura a tantos profetas agourentos a morte próxima da poesia, é a demonstração *ad absurdum*[9] da sua vitalidade mais ampla. Nas várias escolas esporádicas – que vão do parnasianismo, com a idiotice de seu culto fetichista da forma,[10] ao simbolismo, com a loucura de suas ideias exageradamente subjetivas – o que parece a decadência da poesia é apenas o desequilíbrio e as emoções falsificadas dos que não podem mais compreendê-la na altitude a que chegou o nosso pensamento. Considerando-se, de relance, apenas um dos extremos dessa longa cadeia de agitados – não seria difícil mostrar no desvio ideativo de Mallarmé,[11] ou Verlaine,[12] como outrora no satanismo de Baudelaire,[13] os gritos desfalecidos de todos os fracos irritáveis, reconhecendo-se inaptos para entenderem a vida numa quadra em que o progresso das ciências naturais, interpretadas pelo evolucionismo, reage sobre tudo e tudo transfigura, desde a ordem política, onde se instaura o predomínio econômico dos povos mais ativos, glorificados na inspiração prodigiosa de

---

8 Parágrafo em que são empregadas noções da classificação enciclopédica das ciências de Augusto Comte.

9 Em itálico no original.

10 Percebe-se, a partir dessa condenação peremptória do Parnasianismo, que Euclides da Cunha, ao contrário do que ocorre mais tarde na história da literatura brasileira, não considera Vicente de Carvalho um poeta parnasiano.

11 Stéphane Mallarmé, poeta francês, nasceu em Paris, em 1842, e morreu, em Valvins, perto de Fontainebleau, em 1898. Autor do poema "Um jogo de dados não abolirá jamais o acaso". As obras completas de Mallarmé foram publicadas em 1899, na Bélgica.

12 Paul-Marie Verlaine, poeta francês, nasceu em Metz, em 1844, e morreu em Paris, em 1896.

13 Charles-Pierre Baudelaire nasceu em Paris, em 1821, e morreu na Bélgica, em 1867. Autor de *As flores do mal*, cuja primeira edição é de 1857.

EUCLIDES DA CUNHA E A ESTÉTICA DO CIENTIFICISMO   137

Rudyard Kipling,[14] até a filosofia moral, onde se levanta a aristocracia definitiva do homem forte, lobrigada pela filosofia do gênio de Frederico Nietzsche.[15] Então veríamos, malgrado as blasfêmias de tanto verso convulsivo, como um falso ceticismo pode significar a última tentativa da retrógrada explicação deísta do universo. Os "poetas malditos", que nos fazem rir com o truanesco de suas visagens, são apenas ignorantes. A descrença nasce-lhes da inviabilidade da crença. São almas velhas onde se acumulam as influências ancestrais mantidas pela hereditariedade; e ainda quando se finjam de demônios, agitam-nos aos olhos o espectro da antiga fé agonizante. E falam-nos naturalmente numa língua morta, de retardatários, em estrofes onde os traços de degenerescência resultam, sobretudo,[16] da incompatibilidade com os novos ideais.

Baudelaire, entre os desconchavos de seu bárbaro misticismo, teve, certa vez, um lance genial, ao definir-se

... un cimetière,
Ou comme des remords, se trainent des longs vers...[17]

---

14 Rudyard Kipling, romancista e poeta inglês, nasceu em Bobaim, na Índia, em 1865, e morreu em Londres, em 1936. Foi jornalista na Índia e publicou muitos artigos sobre a vida da população da colônia britânica. Publicou em Londres poemas e romances, de refinada qualidade artística, mas caracterizados por um exagerado nacionalismo anglo-saxão e pela defesa e justificativa do imperialismo inglês. Escreveu, entre outros, os dois *Livros da selva* (1894-95) e o romance *Kim* (1901), inspirado nas lembranças de sua infância em Bombaim.

15 No original, escrito "Nietsch", no lugar de Nietzsche, filósofo nascido em 1844, em Röcken, na Alemanha, e morto em Weimar, em 1900. Euclides da Cunha alude a uma discutível interpretação da teoria do "super-homem" e da concepção de "vontade de potência", elaboradas pelo filósofo alemão. No livro *Assim falava Zaratustra* (1883-85), Nietzsche teorizou sobre o "super--homem" criador de novos valores, guiado por uma vontade de afirmação total da vida ("vontade de potência").

16 Sem vírgulas na edição original.

17 Um dos cem poemas que compunham a primeira edição do livro *Les fleurs du mal*, de Charles Baudelaire. Na edição de 1857, os poemas foram numerados com algarismos romanos. O poema a que alude Euclides da Cunha é o de número LXXVI, intitulado "Spleen". O livro foi, em seguida, objeto de um processo judiciário por iniciativa do ministério do Interior do governo

138 JOSÉ LEONARDO DO NASCIMENTO

Símbolo perfeito dessas organizações retrógradas, de *revenants*, a ressuscitarem num período avantajado da existência humana e para logo invadidos do desespero de já não sentirem o amparo das antigas verdades absolutas, que os alentavam outrora, nos remotos tempos de onde saltam por atavismo – claudicantes no ritmo dos versos – para nos entristecerem com as suas queixas de almas doentes da nostalgia do sobrenatural. Porque o quadro que defrontam é outro. Encontram os céus mais azuis, depois das induções de Tyndall;[18] a terra mais vivaz, depois das generalizações de Lyell,[19] evolvendo e transfigurando-se como um maravilhoso organismo. Para abarcar a vida, ou realizar a síntese de seus aspectos, já não basta o êxtase, ou a genuflexão admirativa, senão a solidariedade de suas leis com a nossa harmonia moral, de modo que, submetidos à unidade do universo, sejamos cada vez mais a própria miniatura dele e possamos traduzi-lo sem falsificá-lo, embora o envolvamos nos véus simbólicos da mais ardente fantasia.[20]

---

francês, que acompanhava, de certa maneira, o conteúdo de um artigo publicado no jornal *Le Figaro* de 5 de julho daquele ano, assinado por Gustave Bourdon: "Este livro é um hospital aberto a todas as doenças do espírito. [...] Nada justifica que um homem de trinta anos dê, num livro, publicidade a semelhantes monstruosidades". Tendo seu autor sido condenado pelo "delito de ofensa à moral pública e aos bons costumes", a edição foi recolhida e seis poemas foram censurados. Euclides da Cunha citou, com inteireza, um dos versos e mutilou o anterior, deixando deste último apenas a palavra "cemitério". A citação completa é a seguinte: " – Je suis un cimetière abhorré de la lune, / Où comme des remords se traînent des longs vers" (Eu sou um cemitério abandonado pela lua,/ Onde longos versos se arrastam, como remorsos). Baudelaire, *Les fleurs du mal*, 1983, p.79.

18 John Tyndall, físico inglês, nasceu na Irlanda, em 1820, e morreu na Inglaterra, em 1893. Foi, entre 1853 e 1887, professor na Royal Institution de Londres. Publicou trabalhos sobre o estado gasoso da matéria, a matéria flutuante do ar relativamente à teoria dos gérmenes da doença e a atmosfera considerada como veículo do som.

19 Sir Charles Lyell (1797-1875), geólogo inglês. Euclides já havia se referido a ele na conferência sobre Castro Alves.

20 É provável que Euclides da Cunha esteja aludindo, nesta passagem, ao subtítulo que Eça de Queirós acrescentou ao romance *A relíquia*, publicado em 1887: "Sobre a nudez forte da verdade – O manto diáfano da fantasia".

EUCLIDES DA CUNHA E A ESTÉTICA DO CIENTIFICISMO **139**

"Nesta altura todas as perspectivas particulares se fundem. O homem não é – isoladamente – artista, poeta, sábio ou filósofo. Deve ser de algum modo tudo isto a um tempo, porque a natureza é integra".[21]

A frase é de um naturalista. Mas vê-se que ela reproduz, hoje, transcorrido um século de atividade intelectual, quase literalmente, o idealismo filosófico de Fichte.[22] É compreensível. E dela se deduz que nessa aproximação crescente entre a realidade tangível e a fantasia criadora, o poeta, continuamente mais próximo do pensador, vai cada vez mais refletindo no ritmo de seus versos a vibração da vida universal, cada vez mais fortalecido por um largo sentimento da natureza.

***

Ora, o que para logo se destaca nos *Poemas e canções*,[23] alentando o subjetivismo equilibrado de um verdadeiro poeta, é um grande sentimento da natureza. O amor, considera-o Vicente de Carvalho

---

21 Depois da citação, Euclides da Cunha insere o número 1 e coloca a seguinte nota ao pé da página, sem, no entanto, numerá-la: "P. Van Thiezen – *Le sentiment de la nature*". O nome do naturalista é, de fato, Van Tieghem, e não, como aparece na citação de Euclides, Van Thiezen. Philippe Léon Van Tieghem, botânico francês, nasceu em 1839 e morreu em 1914. Foi mestre de conferência na Escola Normal, professor de Biologia na Escola Central e, a partir de 1879, professor de Botânica no Museu Nacional. Foi membro da Academia de Ciências e, em 1908, indicado como seu secretário perpétuo. Um grande número de noções, que se tornaram clássicas, sobre anatomia vegetal foram estabelecidas por ele. Fez, no *Tratado de botânica* (1884), uma classificação do reino vegetal. A citação de Van Thiezen, feita por Euclides da Cunha, encontra-se, na primeira edição de *Poemas e canções* (1908), na página IV. Na edição da *Obra completa* (1995), na página 486. A publicação do prefácio na *Obra completa* não foi, inteiramente fiel ao original, não reproduzindo a nota de pé de página, feita por Euclides da Cunha.

22 Johann Gottlieb Fichte, filósofo alemão (1762-1814). Eulides referiu-se a ele no discurso sobre Castro Alves.

23 No original entre aspas em vez de em itálico.

140   JOSÉ LEONARDO DO NASCIMENTO

como ele é, positivamente: um caso particular da simpatia universal. E tal como no-lo apresenta

> ... *risonho e sem cuidados,*
> *Muito de altivo, um tanto de insolente,*[24]

diz-nos bem que na sua forma comum, fisiológica e rudimentar, de um egoísmo a dois, ele não lhe traduz uma condição primária do sentimento, escravo de uma preocupação mórbida e humilhante, senão um belo pretexto para resumir num objeto, em harmonioso sincretismo, os atributos encantadores da vida. O poeta diviniza a mulher, como o estatuário diviniza um pedaço de mármore: pela necessidade ansiosíssima de uma síntese do maior número possível de belezas infinitas que lhe tumultuam em torno. Neste lance poderíamos aplicar-lhe a frase pinturesca de Stanchwith: "Não podendo apertar a mão desse gigante que se chama Universo, nem dar um beijo apaixonado na Natureza, resume-os num exemplar da humanidade".[25]

Por isto mesmo não se apouca,[26] limitando-se a essa redução graciosa. Para aformosear o seu símbolo, dá largas à expansão centrífuga da individualidade transbordante. E em tanta maneira se lhe impõem as escapadas para a amplitude do mundo objetivo, onde se lhe deparam as melhores imagens e as mais radiosas alegorias, que nos diz em alexandrinos correntios o que hoje lemos em páginas austeras de gravíssimos psicofisiologistas, quando atribui todo o seu culto

> *À doce Religião da Natureza amiga,*[27]

---

24 Versos finais do segundo quarteto de um dos sonetos de "Velho tema" (Carvalho, *Poemas e canções*, 1908, p.9).

25 Euclides da Cunha não indica a fonte bibliográfica da citação.

26 Sem vírgula no original.

27 Verso do longo poema, com estrofes de cinco versos, "Carta a V. S." Na primeira edição, o poema estende-se da página 109 até a 116. Os dois versos a seguir antecedem o citado por Euclides: "E, por um dia ou dous, eis-me entregue, alma antiga,/ De bugre ressurecto, o olhar vago, os pés nus,/ À doce Religião da Natureza amiga..." (Carvalho, op. cit., p.113).

EUCLIDES DA CUNHA E A ESTÉTICA DO CIENTIFICISMO **141**

a uma alma remota que as energias profundas do atavismo lhe despertam predispondo-o ao nomadismo aventureiro de algum avô selvagem.

> *Algum bugre feroz, cujo corpo bronzeado*
> *Mantinha a liberdade inata da nudez.*[28]

Ao contrário, eu penso que alma antiga não sentiria esta atração da grande natureza, que domina a poesia moderna. Entre a concepção estreitamente clássica da vida rústica, das *Geórgicas*,[29] e o nosso esplêndido lirismo naturalista há diferenças tão flagrantes que fora inútil indicá-las. O movimento atual para os grandes quadros objetivos, à parte outras causas mais profundas, desponta-nos como uma reação do nosso sentimento, a crescer, paralelamente, com o próprio rigorismo prático da vida. Esse fugir ao racionalismo seco das cidades, que até geometricamente se nos desenha nas ruas retangulares, nos quadrados das praças, nos ângulos diedros das esquinas, nas pirâmides dos tetos, nos poliedros das casas, nos paralelepípedos dos calçamentos e nas elipses dos canteiros, onde é tudo claro, matemático, compreensível, e as inteligências se nivelam, na evidência de tudo, e as vistas se fatigam na repetição das formas e das cores, e os ouvidos se fatigam no martelar monótono dos sons, e alma se fatiga na invariabilidade das impressões e dos motivos – vai se tornando a mais e mais imperiosa, à medida que a civilização

---

28 Ibid., p.110.

29 *Geórgicas*, em itálico no original. *Geórgicas* é o título de quatro livros escritos por Virgílio entre os anos de 37 e 30 a.C. A palavra "geórgica" significa "cultivo do campo". Os assuntos estão assim distribuídos nos quatro livros: o primeiro trata do cultivo da terra em geral, incluindo o calendário do lavrador, os sinais que permitem o conhecimento do tempo; o segundo versa sobre o cultivo das árvores, sobretudo da vinha; o terceiro, trata da criação do gado; e o quarto e último, trata do cuidado com as abelhas. Virgílio, que se chamava, de fato, Publius Vergilius Maro, nasceu próximo a Mântua, em 70 a.C. e morreu em 19 a.C., em Brindes. A *Eneida*, grande epopeia latina escrita por ele, foi publicada postumamente.

142   JOSÉ LEONARDO DO NASCIMENTO

progride. O povo mais prático e mais lúcido do mundo[30] é o que por ele mais irradia a caça do pinturesco. Não há neste momento em Chamonix ou num rincão qualquer da África Central, nenhuma página vigorosa da natureza onde não se veja, rijamente empertigado, um ponto de admiração: o inglês!

Além disto, só o pensamento atual pode animar a alma misteriosa das coisas, num consórcio, que é a definição da verdadeira arte. O nosso selvagem

> *Que dormia tranquilo um sono descuidado,*
> *Passivo, indiferente, enfarado talvez,*
> *Sob o mistério azul do céu todo estrelado,*[31]

passaria mil anos sobre a Serra do mar

> *Negra, imensa, disforme,*
> *Enegrecendo a noite...*[32]

indiferente e inútil.

Para no-la definir, e no-la agitar sem abandonar a realidade, mostrando-no-la vivamente monstruosa, a arrepiar-se, a torcer-se nas anticlinais, encolhendo-se nos vales, tombando-lhe nos grotões, ou escalando as alturas nos arrancos dos píncaros arremessados, requer-se a intuição superior de um poeta capaz de ampliar, sem a deformar, uma verdade rijamente geológica, refletindo num minuto a marcha milenária das causas geotectônicas que a explicam. Vemo-la na escultura destes versos:

> *Na sombra em confusão do mato farfalhante*
> *Tumultuando, o chão corre às soltas, sem rumo,*
> *Trepa agora alcantis por escarpas a prumo,*

---

30   Com vírgula no original.

31   Esses três versos completam, com os dois citados anteriormente ("Algum bugre feroz [...] liberdade inata da nudez"), mais uma estrofe do poema "Carta a V. S." (Carvalho, op. cit., p.34).

32   Versos da terceira estrofe de "Fugindo ao cativeiro" (Ibid., p.35).

EUCLIDES DA CUNHA E A ESTÉTICA DO CIENTIFICISMO 143

Erriça-se em calhaus, bruscos como arrepios;
Mas repousando, além, levemente se enruga
Na crespa ondulação de cômoros macios;
Resvala um declive; e logo, como em fuga
Precípite, através da escuridão, noturna,
Despenha-se de chofre ao vácuo de uma furna.
Do fundo dos grotões outra vez se subleva,
Surge, recai, ressurge... E, assim, como em torrente
Furiosa, em convulsões, vai rolando na treva
Despedaçadamente e indefinidamente.[33]

É a realidade maior – vibrando numa emoção. Este chão que tumultua, e corre, e foge, e se crispa, e cai, e se alevanta, é o mesmo chão que o geólogo denomina "solo perturbado" e inspira à rasa, à modesta, à chaníssima topografia, a metáfora garbosa dos "movimentos do terreno".

A mesma harmonia de sua visão interior com o mundo externo rebrilha, quando o poeta observa que o mar

... brutal e impuro,
Branco de espuma, ébrio de amor,
Tenta despir o seio duro
E virginal da terra em flor.
Debalde a terra em flor, com o fito
De lhe escapar, se esconde, – e anseia
Atrás de cômoros de areia
E de penhascos de granito.[34]
No encalço dessa esquiva amante

---

33 Euclides da Cunha não obedeceu, na citação, à divisão do longo poema "Fugindo ao cativeiro" em estrofes. Não reproduziu, além disso, o verso inicial dessa quarta estrofe, acima citada, que termina com o verso "Despenha-se de chofre ao vácuo de uma furna". Eis o primeiro verso que abre a estrofe e não foi citado: "Como um sonho febril no seu sono ofegante" (Carvalho, op. cit., p.36).

34 Euclides da Cunha não foi fiel à pontuação do poema. Esse verso encerra-se com dois pontos.

144 JOSÉ LEONARDO DO NASCIMENTO

Que se lhe furta, segue o mar;
Segue, e às maretas solta adiante
Como matilha, a farejar.
E, achado o rastro, vai com as suas
Ondas e a sua espumarada
Lamber, na terra devastada,
Barrancos nus e rochas nuas...[35]

Idealização... Mas, evidentemente,[36] quem quer que se alarme ante este mar perseguidor e esta terra prófuga[37] riscará os melhores capítulos da geologia dinâmica. E os que fecharem as vistas à esplêndida imagem daquela matilha de maretas, certo, não poderão contemplar a "artilharia" de seixos e graieiros, do ilustre Playfair,[38] a bombardear arribas, demonstrando-as, disjungindo-as, solapando-as, derruindo-as, e esfarelando-as – seguida logo da "cavalaria das vagas" de Granville Colle, a curvetear nos rolos das ondulações banzeiras, e empinar-se nas ondas desbridadas, a entrechocar-se nas arrebentações, a torvelinhar no entrevero dos redemoinhos; e de súbito disparando – longos penachos brancos dos elmos rebrilhantes distendidos na diluição das espumas – numa carga, em linha, violentíssima, sobre os litorais desmantelados; de modo que o litoral desmantelado se nos apresente,

---

35 Reprodução inteiriça – o original divide-se em quartetos – do poema "Sugestões do crepúsculo". São as seguintes as palavras que faltam ao primeiro verso acima referido: "Sonha a nudez: brutal e impuro" (Carvalho, op. cit., p.122-3).
36 Não tem vírgula no original.
37 Com vírgula no original.
38 A citação feita por Euclides da Cunha é demasiadamente vaga. Há dois cientistas ingleses com sobrenome Playfair. O primeiro, John Playfair, que deve ser de fato o objeto da referência de Euclides, viveu de 1748 a 1819. Foi geólogo e divulgador das ideias do químico e geólogo inglês Jammes Hutton (1726-7). O segundo, Lyon Playfair (1818-98), químico inglês, foi professor no Instituto Real de Manchester e, mais tarde, da Universidade de Edimburgo. Foi, também, membro da Câmara dos Comuns e diretor-geral dos correios. Fez importantes investigações sobre os "nitroprussidos", nova classe de sais descoberta por ele.

EUCLIDES DA CUNHA E A ESTÉTICA DO CIENTIFICISMO **145**

like a regiment overwhelmed by cavalary.[39]

Considerai: esta frase, que se desentranha da árida prosa de um livro didático, ressoa, refulge, canta. É um verso. Prende o sonhador e o cientista diante da idealização tangível de um expressivo gesto da natureza.

Mais longe, quando o poeta escuta a grande voz do mar, "quebrada de onda em onda", fazendo à lua uma declaração de amor, que seria apenas um ridículo exagero panteísta, se não fosse um pouco desse infinito amor que chama gravitação universal; quando o mar exclama:

> *Lua! Eu sou a paixão, eu sou a vida, eu te amo!*
> *Paira, longe, no céu desdenhosa rainha...*
> *Que importa? O tempo é vasto, e tu, bem que eu reclamo,*
> *Um dia serás minha...*[40]
> *[...]*
> *Há mil anos que vivo a terra suprimindo.*
> *Hei de romper-lhe a crosta e cavar-lhe as entranhas*
> *Dentro de vagalhões penhascos submergindo,*
> *Submergindo montanhas...*[41]

---

39 Na primeira edição deste ensaio, a citação recebe o número 2 e o nome do autor e o título do livro são logo explicitados no pé da página da seguinte maneira: "(2) Granville Cole – Geology out-of-door" . Não foram encontradas referências sobre o autor e a obra citados por Euclides da Cunha.

40 Vigésima segunda estrofe da poesia "A ternura do mar", que se estende da página 155 até a 160. Euclides da Cunha não citou, com rigor, o quarteto original: "Lua, eu sou a paixão, eu sou a vida.... Eu te amo,/ Paira, longe no céu, desdenhosa rainha!.../ Que importa? O tempo é vasto, e tu, bem que reclamo! Um dia serás minha!" (Carvalho, op. cit., p.159). A imprecisão da citação feita por Euclides, acrescentando ponto de exclamação inexistente no original, omitindo outro, inventando pronome antes do verbo "reclamar" etc., pouco ou nada altera o significado e o ritmo originais da poesia.

41 Sexta estrofe da mesma poesia citada. Euclides, mais uma vez, manifestou alguma imprecisão na reprodução dos versos. Eis os originais: "Há mil anos que eu vivo a terra suprimindo:/ Hei de romper-lhe a crosta e cavar-lhe as entranhas,/ Dentro de vagalhões penhascos submergindo,/ Submergindo montanhas..."

146 JOSÉ LEONARDO DO NASCIMENTO

esta voz monstruosamente romântica, do mar, é a mesma voz de Geike,[42] ou de Lapparent,[43] e diz uma alta verdade de ciência, diante do agente físico cujo destino lógico, pelo curso indefinido dos tempos, é o nivelamento da terra.

Também ao descrever-nos um recanto labiríntico de nossas matas,

> *Cem espécies formando a trama de uma sebe,*
> *Atulhando o desvão de dois troncos; a plebe*
> *Da floresta, oprimida e em perpétuo levante,*[44]

e mostrando-nos que

> *Acesa num furor de seiva transbordante*
> *Toda essa multidão desgrenhada – fundida*
> *Como a conflagração de cem tribos selvagens*
> *Em batalha – a agitar cem formas de folhagens*
> *Disputa-se o ar, o chão, o orvalho, o espaço, a vida,*[45]

(Carvalho, op. cit., p.156). De fato, Euclides suprimiu o pronome antes do verbo "viver" e alterou, levemente, a pontuação original.

42 Archibald Geikie, não "Geike", como escreveu Euclides da Cunha, nasceu em Edimburgo, na Escócia, em 1835, e morreu em Haslemere, em 1924. Foi diretor do Serviço de Geologia da Escócia e professor de Mineralogia e Geologia da Universidade de Edimburgo. Em 1881, foi nomeado diretor do Museu de Geologia Prática de Londres e, em 1891, eleito presidente da Sociedade Geológica de Londres. Publicou grande número de trabalhos sobre a pré-história da Europa e o período glaciário.

43 Albert Auguste Cochon de Lapparent, geólogo e geógrafo francês, nasceu em Bourges, em 1839, e morreu em Paris, em 1908. Foi nomeado, em 1875, professor de Geologia e de Mineralogia no Instituto Católico de Paris. Tornou-se membro da Academia de Ciências em 1897. Ficou conhecido pelos seus trabalhos de Geologia e, sobretudo, por suas *Lições de geografia física* (1896), uma das primeiras obras a fornecer uma explicação da gênese das formas geográficas.

44 "Fugindo ao cativeiro" (Carvalho, op. cit., p.37). No poema original há reticências depois de "cativeiro".

45 Ibid. Esses versos ligam-se diretamente com os anteriores. Euclides, no fim da citação, trocou o ponto-final pela vírgula.

EUCLIDES DA CUNHA E A ESTÉTICA DO CIENTIFICISMO   **147**

e atentando-se no quanto a[46] pletora tropical, ou uma sorte de congestão da seiva, alenta e ao mesmo passo sacrifica em nossa terra o desenvolvimento vegetativo, criando-se o tremendo paradoxo da floresta que mata a árvore, ou redu-la ao arbúsculo que foge à compressão dos troncos,[47] escapando-se na distensão esquiva do cipó, a desfibrar-se e a estirar-se, angustiosamente, na procura ansiosíssima da luz – avalia-se bem o brilho daquela síntese comovente, embora seja ela rigorosamente positiva em todos os elementos de sua estrutura artística.

Digamos, porém, desde logo, que em todo este lúcido panteísmo não são a floresta e a montanha que mais atraem o poeta. É o mar. A Vicente de Carvalho não lhe basta o pintar-nos.

> ... o mar,[48] criado às soltas
> Na solidão, e cuja vida
> Corre agitada, e desabrida,
> Em turbilhões de ondas revoltas...[49]

ou quando ele, tempesteando,

> A uivar, a uivar dentro da sombra
> Nas fundas noites de procela[50]

---

46 Craseado no original.

47 Sem vírgula no original.

48 A citação feita por Euclides da Cunha excluiu uma palavra do poema de Vicente de Carvalho: "pagão". O verso correto é: "Do mar, pagão criado às soltas". A palavra "pagão" encontra-se assim no poema, depois de vírgula.

49 "Sugestões do crepúsculo". A poesia de Vicente de Carvalho é, ainda mais uma vez, ligeiramente diferente da citada por Euclides da Cunha: "Do mar, pagão criado às soltas/ Na solidão, e cuja vida/ Corre, agitada e desabrida,/ Em turbilhões de ondas revoltas" (Carvalho, op. cit., p.121).

50 "Sugestões do crepúsculo". Euclides reproduziu o terceiro e quarto versos de um quarteto. Eis a estrofe inteira: "Mais formidável se vela,/ E mais ameaça e mais assombra/ A uivar, a uivar dentro da sombra/ Nas fundas noutes de procela..." (Carvalho, op. cit., p.124).

148 JOSÉ LEONARDO DO NASCIMENTO

braceja com os ventos desabalados, e, recebendo de instante em instante

A cutilada de um corisco,[51]

rebela-se, e

impando de ousadia
Pragueja, insulta, desafia
O céu, cuspindo-lhe a salsujem...[52]

Apraz-se antes de no-lo mostrar, nas "Sugestões do Crepúsculo", com a melancolia soberana que por vezes o invade e lhe torna mais compreensível a grandeza, no vasto nivelamento das grandes águas tranquilas, onde se nos dilata de algum modo a impressão visual da impressão interior e vaga do infinito...
Porque

Ao pôr do sol, pela tristeza
Da meia luz crepuscular,
Tem a toada de uma reza
A voz do mar.

Aumenta, alastra e desce pelas
Rampas dos morros, pouco a pouco,
O ermo de sombra, vago e oco,
Do céu sem sol e sem estrelas.

---

51 Último verso da quinta estrofe da parte III de "Sugestões do crepúsculo": "De quando em quando, um tênue risco/ De chama vem, da sombra em meio.../ E o mar recebe em pleno seio/ A cutilada de um corisco" (Carvalho, op. cit., 1908, p.125).

52 Sétima estrofe da parte III de "Sugestões do crepúsculo": "Donas do campo, as ondas rugem;/ E o monstro impando de ousadia,/ Pragueja, insulta, desafia/ O céu, cuspindo-lhe a salsugem..." (Carvalho, op. cit., p.125).

Tudo amortece, e a tudo invade
Uma fadiga, um desconforto,[53]
Como a infeliz serenidade
Do embaciado olhar de um morto.

Domado então por um instante
Da singular melancolia
De entorno, apenas balbucia[54]
A voz piedosa do gigante.

Toda se abranda a vaga hirsuta,
Toda se humilha, a murmurar...
Que pede ao céu que não a escuta
A voz do mar?[55]

[...]

Escutem bem... Quando entardece,
Na meia luz crepuscular,
Tem a toada de uma prece
A voz tristíssima do mar...[56]

Fora impossível citar tudo prolongando a tortura do contraste entre estas frases duras e a flexibilidade desses versos, nos quais o metro parece nascer ao compasso da sístole e da diástole do coração de quem os recita.

Além disto, alguns deles, mercê da unidade perfeita, não se podem mutilar em estratos. Nas "Palavras ao Mar",[57] aquela identidade, anteriormente aludida, da nossa harmonia moral com a do Universo, refulge num dos mais breves e maiores poemas que ainda se escreveram na língua portuguesa, para se definir o perpétuo anseio do ideal diante das magias crescentes da existência.

---

53 Na versão original, há reticências em lugar da vírgula.
54 O poeta colocou travessão antes de "apenas balbucia".
55 "Sugestões do crepúsculo" (Carvalho, op. cit., p.120).
56 Ibid., parte V, p.128. Versos finais de "Sugestões do crepúsculo".
57 Ibid., p.83-8.

Em "Fugindo ao Cativeiro"[58] – epopeia que se lê num quarto de hora – a mesma estrutura inteiriça torna inviolável a concepção artística.

Digamos, entretanto, de passagem, que aquela miniatura shakespeariana da última fase da escravidão em nosso país, absolverá completamente, diante da posteridade, a nossa geração, das culpas ou pecados que acaso lhe adviriam de uma dolorosa fatalidade social. Ver-se-á, pelo menos, que as emoções estéticas, tão essenciais a todas as transformações verdadeiramente políticas, não as fomos buscar somente, já elaboradas, na alma da geração anterior, decorando, e recitando exaustivamente, as estrofes eternas das "Vozes d'África" e do "Navio Negreiro". Sentimo-las, bem nossas, a irromperem dos quadros envolventes. À imensa desventura do africano abatido pelo traficante, contrapusemos a rebentina do crioulo revoltado. Vicente de Carvalho agarrou, num lance magnífico, a única situação heroica e fugaz – durando o que durou o relâmpago da foice coruscante brandida por um hércules negro[59] – de uma raça humilhada e sucumbida.

E ainda nesse trecho, com a amplitude e o desafogo da sua visão admirável, associou ao dramático itinerário do êxodo da turba miseranda e divinizada pelo sonho de liberdade, a natureza inteira – do oceano longínquo, apenas adivinhado dos píncaros da serra, à montanha abrupta abrolhando em estrepes e calhaus, às colinas que se idealizam azulando-se com as distâncias, e à floresta, referta de rumores e gorjeios, onde

> *Os velhos troncos, plácidos ermitas,*
> *Os próprios troncos velhos, remoçados,*
> *Riem no riso em flor das parasitas.*[60]

---

58 Ibid., p.35-57. Poema composto de quatro partes.

59 Ibid., p.55. "Hércules negro": expressão presente no poema "Fugindo ao cativeiro".

60 Ibid., parte III, p.49. Versos que fecham uma das estrofes de "Fugindo ao cativeiro": "Descem rindo e cantando, em vozearia/ E em confusão. Toda a floresta, cheia/ Do murmúrio das partes, da alegria/ Deles, da voz dos pássaros,

EUCLIDES DA CUNHA E A ESTÉTICA DO CIENTIFICISMO **151**

... imagem encantadora na sua belíssima simplicidade, que se emparelha com as mais radiosas engenhadas por toda a poesia humana.

• • •

Quero cerrar com ela todos os conceitos vacilantemente expostos.

Que outros definam o lírico gentilíssimo da "Rosa, rosa de amor",[61] a inspiração piedosa e casta do "Pequenino Morto",[62] ou os sonetos, onde tão antigos temas se remoçam.

De mim, satisfaço-me com haver tentado definir o grande poeta naturalista, que nobilita o meu tempo e a minha terra.

Euclides da Cunha.
Rio, 30 de setembro de 1908.

---

gorjeia,/ Tudo é festa. Severos e calados,/ Os velhos troncos, plácidos, ermitãs,/ Os próprios troncos velhos, remoçados,/ Riem no riso em flor das parasitas".

61 "Rosa, rosa de amor" está dividido em dez partes e estende-se da página 165 a 219.

62 "Pequenino morto" estende-se da página 75 a 79.

Referências

ALVES, C. *Antologia poética*. Apresentação de Manuel Bandeira. Rio de Janeiro: José Aguilar, 1975.

_____. *Obras completas de Castro Alves*. Introdução e notas de Afrânio Peixoto. 2v. São Paulo, Recife, Porto Alegre: Cia. Editora Nacional, 1938.

ARGAN, G. C. *Arte moderna*. Trad. Denise Bottmann e Federico Carotti. São Paulo: Companhia das Letras, 1992.

ARISTÓTELES. *Ética a Nicômaco*. Trad. Leonel Vallandro e Gerd Bornheim. São Paulo: Abril Cultural, 1973. (Coleção Os pensadores, v.2).

AUGE, P. (Org.) *Larousse du XX siècle en six volumes*. Paris: Librairie Larousse, 1928-33.

BANDEIRA, M. Apresentação à obra. In: ALVES, C. *Antologia poética*. Rio de Janeiro: José Aguilar, 1975.

BARBOSA, R. Elogio de Castro Alves. In: *Castro Alves – Apologia e crítica de José de Alencar, Machado de Assis e outros*. Rio de Janeiro: Francisco Alves, 1921.

BAUDELAIRE, C. *Les fleurs du mal*. Paris: Éditions Garnier, 1983.

CALMON, P. *História de Castro Alves*. Rio de Janeiro: José Olympio, 1947.

CARVALHO, A. F. de. *Estudos pernambucanos*. Recife: A Cultura Acadêmica, 1907.

CARVALHO, V. *Poemas e canções*. São Paulo: Cardoso Filho, 1908.

COMTE, A. *Physique sociale. Cours de philosophie positive*. Présentation et notes par Jean-Paul Enthoven. Paris: Hermann, Éditeurs des Sciences et des Artes, 1975.

154 JOSÉ LEONARDO DO NASCIMENTO

COUTINHO, A.; SOUSA, J. G. de (Orgs.). *Enciclopédia de literatura brasileira*. 2v. Rio de Janeiro: FAE, 1989.

CUNHA, E. "Castro Alves e seu tempo"; "Antes dos versos" [Outros contrastes e confrontos]. In. COUTINHO, A. (Org.). *Obra completa*. v.1. 2.ed. Rio de Janeiro: Nova Aguilar, 1995a.

_____. "Discurso de recepção"; "Anchieta"; "Entre as ruínas"; "A vida das estátuas"; "A arcádia da Alemanha" [Contrastes e confrontos]. In: COUTINHO, A. (Org.). *Obra completa*. v.1. 2.ed. Rio de Janeiro: Nova Aguilar, 1995b.

_____. "Da independência à República" (esboço político) [À margem da história]. In: COUTINHO, A. (Org.). *Obra completa*. v.1. 2.ed. Rio de Janeiro: Nova Aguilar, 1995c.

_____. Plano de uma cruzada [Contrastes e confrontos]. In: COUTINHO, A. (Org.). *Obra completa*. v.1. 2.ed. Rio de Janeiro: Nova Aguilar, 1995d.

_____. *Os sertões*. Edição crítica de Walnice Nogueira Galvão. São Paulo: Brasiliense, 1985.

_____. *Os sertões*. 30.ed. Rio de Janeiro: Francisco Alves, 1981.

_____. *À margem da história*. Porto: Lello Brasileira, 1967.

_____. *Castro Alves e seu tempo. Discurso proferido no Centro Acadêmico Onze de Agosto de S. Paulo*. Rio de Janeiro: Imprensa Nacional, 1907a.

_____. *Contrastes e confrontos*. Porto: Empresa Lytteraria e Typographica – Editora, 1907b.

_____. Da Independência à República. *Revista do Instituto Histórico e Geográfico Brasileiro*. Rio de Janeiro, v.69, 1906.

DUQUE ESTRADA, L. G. *A arte brasileira*. Campinas: Mercado de Letras, 1991.

ENCICLOPÉDIA ITALIANA DI SCIENZE, LETTERE ED ARTI. v.XV. Roma: Istituto della Enciclopedia Italiana, 1949.

ENCYCLOPEDIA E DICIONÁRIO INTERNACIONAL. 20v. 2.ed. Rio de Janeiro, Nova York: W. M. Jackson Inc. Editores, 1936.

FREYRE, G. Euclides da Cunha. In: _____. *Perfil de Euclides e outros perfis*. 2.ed. Rio de Janeiro: Record, 1987.

GALVÃO, W. N.; GALOTTI, O. (Orgs.) *Correspondência de Euclides da Cunha*. São Paulo: Edusp, 1997.

JAKOBSON, R. Qu'est-ce que la poésie. In: _____. *Questions de poétique*. Paris: Éditions du Seuil, 1973.

_____. A linguagem comum dos linguistas e dos antropólogos. In: _____. *Linguística e comunicação*. Trad. Isidoro Blikstein e José Paulo Paes. 3.ed. São Paulo: Cultrix, 1970.

JUNG, C. G. *O espírito na arte e na ciência*. Petrópolis: Vozes, 1991.

LESSING, G. E. *Laocoonte ou sobre as fronteiras da pintura e da poesia*. Introdução, tradução e notas de Márcio Seligmann-Silva. São Paulo: Iluminuras, 1998.

LOBATO, J. B. R. M. *Ideias de Jeca Tatu*. 9.ed. São Paulo: Brasiliense, 1959.

LUKÁCS, G. Raconter ou décrire? In: _____. *Problèmes du réalisme*. Paris: L'Arche Éditeur, 1975.

MACHADO DE ASSIS, J. M. M. de. *Obra completa*. v.III. Rio de Janeiro: José Aguilar Editora, 1994.

_____. A nova geração. In: ALENCAR, M. (Org.). *Crítica literária*. Obras completas de Machado de Assis. Rio de Janeiro: W. M. Jackson Inc. Editores, 1957.

MARTINS, J. P. O. *História de Portugal*. 2v. 3.ed. emendada. Lisboa: Viúva Bertrand, 1882.

MARTINS, W. *História da inteligência brasileira*. v.3. São Paulo: Cultrix, 1977.

MARX, K. Para a crítica da economia política. In: _____. *Manuscritos econômico-filosóficos e outros textos escolhidos*. Seleção de textos de José Arthur Gianotti. 2.ed. São Paulo: Abril Cultural, 1978. (Coleção Os pensadores, v.35).

_____. *O Dezoito Brumário de Luís Bonaparte*. São Paulo: Alfa-Omega, 1977.

MENDES, C. M. M. *Política e história em Caio Prado Júnior*. São Luís: Universidade Estadual do Maranhão, 2008.

MONTELLO, J. *O presidente Machado de Assis nos papéis e relíquias da Academia Brasileira*. Rio de Janeiro: José Olympio, 1986.

NABUCO, J. Castro Alves. In: *Castro Alves – Apologia e crítica de José de Alencar, Machado de Assis e outros*. Rio de Janeiro: Francisco Alves, 1921.

_____. *Nabuco de Araújo*: um estadista do Império. 3v. Rio de Janeiro: Garnier, 1899.

NASCIMENTO, J. L.; FACIOLI, V. *Juízos críticos*. São Paulo: Nankin: Unesp, 2003.

O Estado de S. Paulo, 23 dez. 1907, ano XXXIII, n.10.607, p.1.

O Estado de S. Paulo, 5 de dez. 1907, ano XXXIII, n.10.589, p.3.

O Estado de S. Paulo, 3 de dez. 1907, ano XXXIII, n.10.587, p.1.

PEIXOTO, A. (Org.). *Dispersos*. Rio de Janeiro: Civilização Brasileira, 1934.

156   JOSÉ LEONARDO DO NASCIMENTO

PLATÃO. *A república*. Introdução e notas de Maria Helena da Rocha Pereira. 7.ed. Lisboa: Fundação Calouste Gulbenkian, 1993.

RANGEL, A. *Inferno verde (scenas e scenarios do Amazonas)*. Tours/França: Typ. Arrault, 1927.

REY, A. (Org.) *Le Pétit Robert 2 – Diccionnaire universel des noms propes*. Paris: Diccionnaires Le Robert, 1990.

ROMERO, S. *Discurso pronunciado aos 18 de dezembro, por ocasião da recepção do Dr. Euclides da Cunha*. Porto: Oficinas do Comércio, 1907.

_____. *História da literatura brasileira*. 2v. Rio de Janeiro: Garnier, 1888.

SANTOS, J. M. *A política geral do Brasil*. Belo Horizonte: Itatiaia; São Paulo: Edusp, 1989.

SEIGNOBOS, C. *Histoire sincère de la nation française*. 8.ed. Paris: Presses Universitaires de France, 1983.

THINES, G.; LEMPEREUR, A. *Diccionnaire générale des sciences humaines*. Paris: Éditions Universitaires, 1975.

VALADÃO, A. *Vultos nacionais*. 2.ed. Rio de Janeiro: Livraria Freitas Bastos, 1974.

VEHÍ, J. C. *Compendio de retórica y poética, ó nociones elementales de literatura*. Barcelona: Imprenta del Diário de Barcelona, 1875.

VERISSIMO, J. *Os sertões*, campanha de Canudos por Euclides da Cunha. In: NASCIMENTO, J. L.; FACIOLI, V. *Juízos críticos*. São Paulo: Nankin: Unesp, 2003.

_____. *História da literatura brasileira*. 3.ed. Rio de Janeiro: José Olympio, 1954.

SOBRE O LIVRO

Formato: 14 x 21 cm
Mancha: 23,7 x 42,5 paicas
Tipologia: Horley Old Style 10,5/14
Papel: Off-white 80g/m² (miolo)
Cartão Supremo 250g/m² (capa)
1ª edição: 2011
168 páginas

EQUIPE DE REALIZAÇÃO

Edição de Texto
Elisa Andrade Buzzo (Copidesque)
Renata Gonçalves e Thaís Rinkus Devus (Preparação de original)
Bárbara Borges (Revisão)

Capa
Andrea Yanaguita

Editoração Eletrônica
Eduardo Seiji Seki

Impressão e Acabamento

FARBE DRUCK
gráfica e editora ltda.